Como
se tornar
inesquecível

Como se tornar inesquecível

Dale Carnegie
e Associados

Título original: *Make Yourself Unforgettable*
Copyright © 2011 por Dale Carnegie & Associates, Inc.
Copyright da tradução © 2021 por GMT Editores Ltda.

Todos os direitos reservados. Publicado mediante acordo com a editora original Touchstone, uma divisão da Simon & Schuster, Inc. Nenhuma parte deste livro pode ser utilizada ou reproduzida sob quaisquer meios existentes sem autorização por escrito dos editores.

tradução: Alves Calado
preparo de originais: BR75 | Silvia Rebello
revisão: Hermínia Totti e Luis Américo Costa
projeto gráfico e diagramação: DTPhoenix Editorial
capa: DuatDesign
impressão e acabamento: Associação Religiosa Imprensa da Fé

CIP-BRASIL. CATALOGAÇÃO NA PUBLICAÇÃO
SINDICATO NACIONAL DOS EDITORES DE LIVROS, RJ

T687c   Training, Dale Carnegie
Como se tornar inesquecível / Dale Carnegie Training; [tradução Alves Calado]. – 1. ed. – Rio de Janeiro: Sextante, 2021.
224 p. ; 23 cm.

Tradução de: Make yourself unforgettable
ISBN 978-65-5564-127-1

1. Sucesso. 2. Autorrealização (Psicologia). 3. Relações humanas. 4. Comunicação interpessoal. I. Calado, Alves. II. Título.

21-68639

CDD: 158.2
CDU: 159.923.2:316.47

Camila Donis Hartmann – Bibliotecária – CRB-7/6472

Todos os direitos reservados, no Brasil, por
GMT Editores Ltda.
Rua Voluntários da Pátria, 45 – Gr. 1.404 – Botafogo
22270-000 – Rio de Janeiro – RJ
Tel.: (21) 2538-4100 – Fax: (21) 2286-9244
E-mail: atendimento@sextante.com.br
www.sextante.com.br

Sumário

Introdução 7

1. A energia inesquecível 11
2. A classe em meio a uma crise 20
3. Inspiração, e não imitação 28
4. Honestidade com honra 39
5. Saber ouvir: a principal habilidade da comunicação 48
6. Princípio apaixonado 56
7. Classe e confiança 69
8. Empatia com (quase) todo mundo 82
9. Criando confiança na sua equipe 92
10. Administração do estresse 103
11. Paciência com propósito 109
12. Inteligência que vai além do intelecto 121
13. Resiliência sem arrependimento 132
14. Apreciação além da zona de conforto 145

15. Coragem, o outro lado da moeda do medo 158

16. Dinheiro e classe 171

17. Não se preocupe, tenha classe 191

18. Realização, produtividade e mais além 204

Epílogo 213

Sobre o autor 217

Introdução

O POEMA ABAIXO É UM DOS MAIS LIDOS da língua inglesa e sem dúvida poderia ser considerado um dos mais populares do mundo. Talvez você já o conheça.

"Se" foi publicado por Rudyard Kipling em 1909. Kipling disse que se inspirou nos feitos de um oficial inglês na África do Sul, mas hoje o poema transcende qualquer época ou lugar específico. Para o início do nosso livro sobre como se tornar inesquecível, não pode haver introdução melhor. Talvez você sinta vontade de ler o poema novamente enquanto percorre estas páginas. Na verdade talvez você queira retornar a ele muitas vezes, à medida que percorre sua vida como um todo...

*Se podes manter a calma quando ao redor
todos a perderam e te culpam até o fim;
se confias em ti quando duvidam com ardor,
mas permites que duvidem mesmo assim;
se podes esperar sem te sentires cansado,
ou, quando mentirem, não mentir também,
jamais ceder ao ódio mesmo sendo odiado,
sem ser presunçoso ou demonstrar desdém;*

*Se consegues pensar – sem que o pensamento te oprima;
se podes sonhar – sem que os sonhos sejam senhores;
se podes te deparar com o Triunfo e a Ruína
e tratar da mesma forma esses impostores;*

se suportas ver tua verdade distorcida
por patifes que só pretendem enganar
ou ver destruído o que criaste com tua vida
e mesmo sem ter meios – recomeçar;

Se és capaz de juntar tuas vitórias
e sem temor arriscá-las numa jogada,
e perder, e recomeçando toda a história
partir de novo desde o início da estrada;
se consegues forçar coração, nervos, tendões
exaustos a resistir sem que desistam,
e a ir em frente mesmo sem condições,
só com a Vontade dizendo: Persistam!

Se podes falar ao povo e manter tuas virtudes,
ou andar com reis sem perder simplicidade;
se nem com inimigos nem com amigos te iludes,
se podem contar contigo de verdade;
se cada minuto és capaz de preencher
com sessenta segundos do teu brilho,
tua é a Terra e tudo que podes ver.
E – mais ainda – serás um Homem, meu filho!

Essa não é uma imagem açucarada do mundo. A vida, como descrita por Kipling, não é fácil. Pessoas vão mentir, trapacear, culpar, desapontar, esfaquear você pelas costas. E não existe certeza de um desfecho positivo. Mesmo conseguindo passar por tudo isso, Kipling não garante que você encontrará riqueza, saúde ou sabedoria. Ele diz que terás "a Terra e tudo que podes ver". Mas o que isso significa? Alguém quer "a Terra e tudo que pode ver"?

Mas, independentemente do que você possa ganhar ou não, Kipling faz uma promessa sobre o que você vai *ser*: você será um homem. Ou melhor, um *Homem*. Mas, de novo, assim como acontece com "a Terra e tudo que podes ver", precisamos perguntar o que Kipling quer dizer com isso.

A resposta a essa pergunta será útil para nós neste livro. Se ser um Homem é a recompensa por todas as dificuldades e esforços da existência terrena, isso deve estar relacionado com sabedoria. Ao ler o poema com atenção, você verá que cada estrofe descreve vários testes – para os quais a resposta *certa* é sempre a *difícil*. Por que a resposta difícil é a certa? De novo, não existe nenhuma promessa de recompensa material. Existe apenas o estado de ser que você acabará alcançando. E, se quisermos ser coerentes com o Universo que o poema criou, é provável que ninguém, além de você mesmo, chegue a reconhecer que você se tornou um Homem. Um Ser Humano com letras maiúsculas.

Talvez esse seja o último teste, e parece o mais difícil.

Em última instância, a verdadeira recompensa por ser alguém inesquecível tem a ver com o respeito próprio. As pessoas inesquecíveis *sabem* que são especiais, mesmo quando estão sozinhas. Como alguém já disse: "Quem você é quando ninguém está olhando?" Quando, do fundo do seu coração, você puder responder "Sou a pessoa que realmente desejo ser", terá alcançado o objetivo que é tema deste livro. E, de novo, esse também pode ser o objetivo da sua vida.

Então, vamos lá...

1

A energia inesquecível

NESTE LIVRO, CHAMAREMOS DE *classe* essa energia especial que faz com que algumas pessoas sejam realmente extraordinárias. Essa característica é mais fácil de ser reconhecida do que definida. Nós a identificamos ao vê-la; mas o que ela é? Este livro irá ajudá-lo não somente a responder a essa pergunta, mas também a se tornar extraordinário em todas as áreas da sua vida.

(Por sinal, assim como é fácil reconhecer a classe, a ausência dela também é facilmente notada!)

Nos próximos capítulos vamos falar muito mais sobre o que é essa característica e por que ela é importante. Você terá a chance de desenvolver sua própria definição do termo "classe" e receberá ferramentas práticas e poderosas para se tornar inesquecível a qualquer pessoa que conhecer. Seja nos negócios ou em qualquer outra área da vida, nada é mais valioso do que isso. É possível que você ainda não compreenda toda a importância da classe, mas quando chegar à última página certamente terá percebido sua grande relevância.

Começaremos examinando o significado frequentemente obscuro dessa palavra, assim como o efeito que essa característica pode ter nos negócios e nas interações pessoais. Veremos como a classe foi o fator decisivo em um momento fundamental da história norte-americana e analisaremos como é possível fazer com que as lições extraídas daquele período histórico funcionem para sua vida hoje.

Nos capítulos seguintes exploraremos elementos essenciais que compõem a classe no verdadeiro sentido da palavra. E por fim, no último capítulo, observaremos como ela se expressa através da realização no mundo material – para você e também para as pessoas ao seu redor. A capacidade de criar o sucesso para os outros é uma das qualidades mais admiráveis da pessoa com classe. Como um grande atleta, a pessoa que tem classe sempre joga em alto nível e faz com que seus companheiros de time também sejam jogadores melhores.

Para entender melhor a classe e o que ela pode fazer, vejamos um caso específico. Um exemplo claro ocorreu no primeiro debate presidencial da história dos Estados Unidos. O evento aconteceu em 26 de setembro de 1960. Os participantes eram John F. Kennedy, na época senador por Massachusetts, e o então vice-presidente Richard M. Nixon.

Ao longo dos anos foram escritos livros inteiros sobre esse acontecimento, mas ele raramente foi discutido segundo a perspectiva da classe, no sentido em que essa palavra é utilizada aqui. No entanto essa qualidade foi um fator importantíssimo no debate. Ela foi determinante para definir o vencedor, e nesse sentido mudou o rumo da história.

John F. Kennedy e Richard Nixon estavam em excelente forma na época do encontro transmitido pela TV. Os dois tinham bons motivos para se sentirem otimistas com a eleição. Seus currículos eram muito diferentes, mas eram impressionantes, cada um a seu modo.

Em 1960 cada um dos candidatos havia sido indicado na primeira votação da convenção nacional de seu partido. Kennedy, cuja indicação tinha acontecido antes, havia obtido vitórias impressionantes nas primárias sobre o experiente senador Hubert Humphrey. As vitórias de Kennedy na Virgínia Ocidental e em Wisconsin tinham representado um argumento importante em sua disputa pela Presidência, já que havia quem questionasse a possibilidade de um católico vencer uma eleição fora de um estado predominantemente católico como Massachusetts.

A religião de Kennedy tinha provocado incerteza dentro de seu partido, mas os democratas aparentemente esqueceram essas preocupações depois das primárias na Virgínia Ocidental e em Wisconsin. Então, imediatamente após a indicação, Kennedy fez um gesto ousado e politicamente pragmático ao escolher seu vice. A escolha do senador texano Lyndon Johnson pode ter surpreendido o núcleo de apoiadores de Kennedy no Nordeste do país, mas, com isso, os democratas passaram a ter uma poderosa chapa nacional. Johnson, líder da maioria no Senado, era um político tremendamente experiente que conhecia Washington por dentro e por fora. Era sem dúvida um combatente, e costumava vencer.

Talvez o único ponto negativo da escolha de Johnson como candidato a vice-presidente fosse o fato de que ele e Kennedy praticamente não se suportavam! Mas Kennedy pôs de lado suas emoções para tomar uma decisão prática eficaz. Esse foi um gesto "de classe"? Mais tarde, neste capítulo, voltaremos a essa pergunta.

Duas semanas depois da convenção de Kennedy, Richard Nixon se tornou o candidato do Partido Republicano. Pensando no que o futuro reservava para ele quando estourou o escândalo Watergate, pode ser difícil perceber como Nixon era popular na época da indicação. Naqueles anos, os Estados Unidos estavam preocupados com a ameaça nuclear da União Soviética. Nixon tinha recebido uma aclamação gigantesca quando discutiu enfaticamente com o premiê russo Nikita Khrushchev em uma feira de negócios. Além disso, havia dominado uma grande multidão que se manifestava contra os Estados Unidos durante uma visita à Venezuela. Nixon parecia oferecer segurança e competência em um período da história norte-americana marcado pelo medo. Certo, ele já tivera alguns momentos embaraçosos, mas sempre saíra inteiro e por cima. E aparentemente conseguiria isso de novo; sem dúvida, era o favorito para vencer a eleição presidencial.

As propostas apresentadas por Kennedy e Nixon eram semelhantes em alguns aspectos e muito diferentes em outros. Ambos falavam sobre a grandeza dos Estados Unidos em termos mais ou menos convencionais. Mas Kennedy desafiava a complacência das pessoas, conseguindo, ao mesmo tempo, parecer positivo. Em muitos discursos se referia a uma "lacuna de mísseis" – uma suposta vantagem dos russos no número de armas intercontinentais. Essa lacuna não existia, mas, assim como fizera em relação à escolha de Lyndon Johnson, Kennedy parecia disposto a sacrificar algumas coisas para alcançar seus objetivos.

Considerando a linha geralmente dura do Partido Republicano nas questões de defesa, pode ser difícil imaginar Richard Nixon como um pacifista. Mas, comparado a Kennedy, foi assim que ele pareceu na eleição de 1960. Pouco tempo antes, o presidente Eisenhower – que tinha sido o comandante supremo das forças aliadas na guerra contra a Alemanha nazista – havia alertado contra o crescimento de um "complexo industrial militar" que ameaçava dominar a vida americana. O discurso de Eisenhower sobre esse assunto era digno do pacifista mais ardoroso, e na verdade Kennedy provavelmente concordava com a maior parte dele. Mas optou por se apresentar como o defensor da liberdade americana contra a ameaça militar soviética.

Como vice-presidente em exercício, os discursos de campanha de Nixon sempre se referiam a um presente seguro e a um futuro mais brilhante, mas ele falava dessas coisas no contexto dos princípios republicanos, como o livre mercado e a redução dos gastos governamentais. Além da mensagem geral de pró-americanismo, Kennedy e Nixon compartilhavam certa cautela com relação à ameaça soviética e concordavam em outras questões de política interna, ainda que Kennedy colocasse mais ênfase na necessidade de reforçar o setor militar. A semelhança das crenças declaradas pelos dois candidatos forçava as campanhas a buscar maneiras de marcar diferenças entre eles.

A eleição se transformou em um debate sobre experiência. Ambos os candidatos tinham chegado ao Congresso no mesmo ano, 1946, mas Nixon tentava reforçar suas qualificações usando sua atuação em questões de política externa e como vice-presidente. O tema da experiência parecia ser um ponto fraco na campanha de Kennedy e antes do primeiro debate Nixon parecia ganhar força. Isso era crucial porque, na época, o número de democratas era muito maior do que o de republicanos em todo o país. A corrida para a Casa Branca era tão apertada que qualquer pequena diferença poderia representar uma enorme vantagem.

Mas, enquanto Nixon encontrava seus pontos fortes, vários acontecimentos na mídia impactavam fortemente o resultado da eleição.

O foco de Nixon em sua experiência nas políticas externa e interna foi prejudicado por seu superior. No outono de 1960 o presidente Eisenhower estava dando uma entrevista coletiva, uma atividade da qual jamais havia gostado. Parecia ter pressa em terminá-la. Então um jornalista perguntou de quais decisões importantes o vice-presidente Nixon havia participado. Eisenhower respondeu: "Se você me der uma semana eu posso pensar em alguma." Na verdade, o presidente não estava querendo diminuir Nixon; estava tentando fazer piada com relação ao próprio cansaço e à falta de concentração. Mas a frase foi um presente dos céus para Kennedy. Deu-lhe a chance de solapar todo o argumento de que Nixon seria o mais experiente. Kennedy disse: "Sim, o Sr. Nixon é experiente – mas sua experiência é na política do recuo, da derrota e da fraqueza."

Além disso, começaram a brotar alguns problemas para o Sr. Nixon. Depois da convenção nacional do Partido Republicano ele havia prometido fazer campanha em todos os cinquenta estados, mas uma infecção no joelho o deixou afastado por duas semanas. Então, contrariando o conselho dado pelas pessoas mais próximas, voltou à campanha com a saúde ainda comprometida. Sem ter recuperado todas as suas energias, o candidato precisava voltar sua atenção para o primeiro debate televisionado de todos os tempos. Nixon fora um campeão de debates acadêmicos e adorou a oportunidade de falar com seu oponente em cadeia nacional de TV. Mas, à medida que o evento transcorria, as sutilezas da política midiática se enfileiravam contra o vice-presidente.

Kennedy dedicou um tempo enorme a se preparar para o evento. O recente sucesso de suas respostas sobre religião na TV provava que aquele meio de comunicação tinha um potencial imenso para impulsionar seu sucesso. Além disso, uma apresentação forte contra o altamente favorecido Nixon estabeleceria sua credibilidade nos principais temas e aumentaria ainda mais a confiança na sua capacidade de liderança. O vice-presidente também veio preparado, mas o resultado do debate não seria decidido pelo conteúdo.

Nixon também tinha tido azar em outras frentes de mídia. Kennedy marcou pontos com a comunidade negra quando ficou ao lado de Martin Luther King Jr. depois de uma prisão em Atlanta. O vice-presidente esbarrou em um conflito de interesses e precisou permanecer em silêncio diante daquele acontecimento de grande repercussão. Kennedy usou a cobertura da imprensa para fortalecer sua imagem compassiva e carismática. Mais tarde na disputa, Eisenhower aumentou seu apoio a Nixon. Esse movimento foi questionado pelos democratas e pode ter feito com que o vice-

-presidente parecesse incapaz de vencer a eleição por conta própria. Essa percepção de fraqueza acabou ecoando na imprensa. Combinados com o mau desempenho de Nixon no primeiro debate, com a gafe de Eisenhower e com os triunfos anteriores de Kennedy na mídia, pequenos erros de cálculo relacionados à imprensa, como esses, prejudicaram o candidato do Partido Republicano.

Durante o debate, Kennedy conseguiu colocar Nixon na defensiva com seu domínio inesperado dos fatos, mas Nixon reagiu às críticas do oponente. A principal narrativa sobre o debate se prendeu ao apelo visual do atraente Kennedy contra a aparência adoentada do desgastado Nixon. Vários fatores contribuíram para a imagem fragilizada de Nixon. Seus problemas de saúde recentes tinham resultado em uma acentuada perda de peso. O fundo recém-pintado do cenário havia secado em um tom de cinza que se fundia com a cor de seu terno. Nos intervalos, as câmeras pegavam Nixon enxugando o suor da testa. Ele parecia acuado e abalado. Enquanto isso, Kennedy parecia ótimo diante das câmeras.

Dizem que as pessoas que ouviram o debate pelo rádio acharam que Richard Nixon tinha vencido, ao passo que os milhões que a ele assistiram pela TV consideraram Kennedy claramente o vencedor. Há um motivo simples para isso. Nixon tinha uma apresentação excelente, mas Kennedy tinha – ou parecia ter – uma avassaladora vantagem de *classe*.

O que queremos dizer com vantagem de classe? Não significa que Kennedy era mais rico do que Nixon, ainda que isso fosse verdade. O que isso *significa* é o primeiro ponto importante a entender com relação a classe. A vantagem de classe de John Kennedy era que ele parecia *tranquilo, calmo* e *controlado*. Nixon podia ter mais conteúdo, mas Kennedy tinha *classe*. Na verdade, nada que tenha sido dito naquela noite foi particularmente significativo em termos de políticas públicas ou questões mundiais. Não houve ofensas humilhantes nem lições de moral e os temas discutidos parecem totalmente irrelevantes no mundo de hoje. Mas o que permanece são imagens de um John F. Kennedy relaxado e confiante – claramente a atração de classe, ainda que Richard Nixon fosse muito mais conhecido e experiente em governar.

Como isso aconteceu? Em meio a tudo que já foi escrito sobre o primeiro debate presidencial nos Estados Unidos, três pontos se destacam. Vamos retornar a esses pontos de várias maneiras durante o livro. Assim, ao lê-los agora, pense um pouco em como eles podem estar presentes na sua vida e na sua carreira. Talvez você jamais se candidate a presidente do país, mas sem dúvida estará diante de algumas das mesmas decisões que Kennedy e Nixon tomaram há cerca de sessenta anos. Superficialmente podia parecer que essas decisões se referiam a aspectos ou a procedimentos técnicos, mas na verdade estavam relacionadas a outra coisa. Tinham a ver com classe – ou com a percepção de classe – e com o modo mais eficaz de comunicar essa impressão.

Em primeiro lugar, os participantes do debate estavam ali por motivos muito diferentes. Para Kennedy o debate era um movimento de afirmação. Como alguém relativamente desconhecido, ele tinha tudo a ganhar e pouco a perder. Mas para Nixon o debate era uma *coação*. Pior ainda, ele impôs a coação a si mesmo, contrariando o conselho das pessoas ao seu redor. Os assessores de Nixon insistiram que ele não debatesse com Kennedy, mas Nixon se sentiu compelido a fazer isso. Achava que precisava provar algo, talvez mais a si mesmo do que a qualquer pessoa. Assim, seus atos se basearam na insegurança, e não na força.

Essa é uma dinâmica extremamente interessante – que pode afetar qualquer tomador de decisões, independentemente das circunstâncias externas. Quanto mais poderosas as pessoas se tornam, mais podem se sentir coagidas a provar que merecem seu poder. Precisam de confirmação e apoio constantes, o que se manifesta frequentemente em um grupo de puxa-sacos, de modo que eles possam afastar qualquer dúvida com relação a si mesmos.

A classe jamais se expressa de modo involuntário. Classe é sempre uma escolha positiva ou mesmo prazerosa. Ainda que suas ações sejam objetivamente cheias de classe, o efeito positivo é cancelado se a motivação for negativa. E não se engane: a motivação negativa sempre se revela, às vezes de modo inesperado e embaraçoso.

Existe um elo essencial entre classe e comunicação. As pessoas de classe são as que conseguem comunicar claramente quem são e qual é a sua visão. Você não precisa ser a pessoa mais inteligente da sala para ser o líder. Muitos historiadores aceitam amplamente que dois dos homens mais inteligentes a ocupar a presidência dos Estados Unidos no século XX foram Jimmy

Carter e Richard Nixon. Carter tinha diploma de Engenharia Elétrica e Nixon tinha diploma de Direito pela Universidade de Duke. Mas Ronald Reagan – concorde você ou não com suas políticas – é lembrado como um presidente popular e eficaz, o homem responsável por vencer a Guerra Fria, o Grande Comunicador. Quando ele disse "Derrubem aquele muro", tornou-se inesquecível – não por conta de nenhum diploma acadêmico; foi só pelo que ele disse e pelo modo como disse.

As pessoas inesquecíveis falam em termos visuais. Com frequência, de modo surpreendente, isso não tem a ver com o que elas fizeram ou farão; tem a ver com o que elas podem *ver*. Elas pintam o quadro de um mundo que os outros não conseguem imaginar e compartilham sua visão por meio de palavras. Não usam estatísticas para argumentar; usam imagens vívidas.

Ser um grande comunicador exige duas qualidades distintas. A primeira é otimismo – o pessimismo não tem classe. A pessoa inesquecível enxerga além de qualquer situação atual para imaginar um tempo melhor. Quando isso irá acontecer? Como vai acontecer? Essas coisas são meros detalhes!

Em segundo lugar, o grande comunicador compartilha essa visão em palavras simples que todo mundo consegue entender. Usar um vocabulário rebuscado não ajuda. É útil fazer uso de uma linguagem que possa ser claramente entendida por um motorista de caminhão e por um cientista – algo simples, compreensível e replicável.

Expressões como *eu vejo*, *eu imagino* ou *eu acredito* são instrumentos poderosos. Seus pensamentos ajudam a pintar um quadro dessa imagem. Por exemplo, não adianta citar estatísticas mostrando que, quando as pessoas gostam de trabalhar, sua produtividade e sua felicidade geral aumentam. Ninguém ouvirá com atenção se você afirmar a importância de desenvolver uma série de sistemas e processos para aumentar cada vez mais o prazer das pessoas no trabalho de modo que sua produtividade aumente. Essas são declarações corretas, mas quem se sentiria inspirado por elas?

Mas suponha que você diga o seguinte:

"Imagino um tempo, não muito distante, em que toda pessoa que vá para o trabalho adore o que faz. Esse é o mundo que eu consigo ver. Você consegue se imaginar indo para o trabalho todos os dias e amando o que faz e as pessoas com quem trabalha? Qual você imagina que seria o impacto disso em seu trabalho ou mesmo na sua vida pessoal? Esse é o mundo que imagino, e ele é possível se trabalharmos juntos para criá-lo. Junte-se a mim. Opte por liderar. Opte por inspirar. Se você fizer isso, sei que teremos sucesso. Se você liderar as pessoas ao redor, se inspirar as pessoas ao redor, cada um de nós, ao acordar, vai adorar ir para o trabalho. Você topa ou não?"

O significado é o mesmo, mas a mensagem é muito diferente.

Em seu discurso de posse em 1961, John F. Kennedy disse: "Não pergunte o que o seu país pode fazer por você, pergunte o que você pode fazer pelo seu país." Por que *ele* foi inesquecível? Kennedy não pediu que o seguíssemos nem que liderássemos. Ele nos *desafiou* a servir. Essa é a ironia de uma verdadeira atitude de classe. As pessoas realmente inspiradoras e inesquecíveis não são impelidas a liderar os outros. São impelidas a servi-los. Essa reviravolta sutil da lógica dá ao bom líder a lealdade e o respeito daqueles que, em última instância, os servem de volta. Para serem inesquecíveis, as pessoas precisam de seguidores. Por que algum indivíduo desejaria seguir outro, se não por sentir que a pessoa iria servir a ele e aos seus interesses?

Quanto mais você puder fazer isso, mais merecerá a confiança de todos ao redor. Não porque você é "o chefe", mas porque sabe do que as pessoas precisam e está decidido a garantir que elas o obtenham.

A pessoa inesquecível quer ajudar os outros a se tornarem as melhores versões de si mesmos. A pessoa inesquecível não se propõe fazer o trabalho dos outros. De novo, a pessoa inesquecível pinta um quadro de como os outros podem fazê-lo por conta própria.

E, por sinal, essa é exatamente a intenção deste livro! Assim, por favor, passe para o capítulo 2.

2

A classe em meio a uma crise

EM TODAS AS ÁREAS DA VIDA ACONTECEM coisas que parecem escapar ao nosso controle ou à nossa responsabilidade. Durante um vendaval, a árvore do seu vizinho cai sobre o seu telhado – ou, pior ainda, sua árvore cai em cima da casa do vizinho. Uma pessoa adoece, enquanto outra permanece saudável. Fulano ganha na loteria, enquanto Sicrano perde o seu bilhete. Muita coisa na vida é aleatória. Grande parte dela simplesmente resulta de sorte.

Bom, isso pode ser verdade, mas, pela perspectiva da classe, não é bem assim que o mundo funciona. Se você realmente pretende se tornar inesquecível, precisa aceitar 100% da responsabilidade. Deve aceitar a responsabilidade por si mesmo e até ser capaz de aceitá-la por outras pessoas, quando elas não estiverem em condições de fazer isso. E, em última instância, deve até aceitá-la por coisas que pareçam claramente fora do seu controle. Você pode não ter provocado a queda da árvore, mas talvez pudesse ter visto que havia possibilidade de isso acontecer durante um vendaval. Desnecessário dizer que isso não é fácil, não acontece por si. Mas esse é o modo como alguém de classe vê as coisas.

Porém só isso não basta. Você não precisa simplesmente aceitar toda a responsabilidade, tem que fazer com que isso pareça fácil. Se agir com classe lhe parece um grande esforço, você precisa mudar a forma de ver a situação.

Veja a seguinte história: Ted dirigia um caminhão para uma pequena indústria familiar. Sua mulher estava para ter um filho. Durante o parto surgiram algumas complicações que acabaram resultando em uma conta hospitalar de 20 mil dólares. Ainda que sua mulher e seu filho estivessem saudáveis, Ted precisou enfrentar um verdadeiro tsunami financeiro. As letras miúdas da apólice do plano de saúde de seu trabalho punham em dúvida se a conta hospitalar seria coberta – e pelo jeito a resposta era negativa. Pelo menos era isso que a seguradora estava dizendo a Ted.

Já que não tinha como conseguir 20 mil dólares, Ted foi procurar Warren, o dono da empresa. Warren ouviu o problema e disse que ligaria pessoalmente para a seguradora. Parecia-lhe que as despesas de Ted poderiam ser cobertas. E, se não fossem, Warren descobriria o motivo.

Alguns dias depois Warren encontrou Ted no início de um dia de trabalho.

– Tenho uma boa notícia – anunciou Warren. – Falei com a seguradora e eles concordaram em cobrir suas despesas hospitalares. Você não vai receber mais nenhuma cobrança.

Ted agradeceu profusamente. Admirou a forma como Warren o havia defendido. Warren morreu vários anos depois e, no enterro, Ted contou à viúva o que havia acontecido. Foi então que ficou sabendo da verdade: Warren tinha pagado pessoalmente a conta do hospital. Ele podia bancar isso, claro, dinheiro não era problema. A única preocupação de Warren era a possibilidade de Ted descobrir que ele havia pagado as despesas. Assumir a responsabilidade financeira por alguém que precisava de ajuda foi um ato de classe, mas deixar que a pessoa soubesse disso não seria, de modo algum.

As pessoas de caráter nobre não gostam de ver alguém desconfortável. Não importa se o desconforto vem de um problema sério, como no caso de Ted, ou de algo relativamente pequeno. O famoso compositor Cole Porter, por exemplo, era conhecido por sua classe em todos os aspectos. Ele adorava entreter os amigos em seu apartamento no hotel Waldorf Astoria em Nova York. Em uma dessas ocasiões, um convidado estava admirando sua coleção de objetos de cristal. De repente houve um estrondo. O convidado tinha deixado cair uma tigela antiga que valia milhares de dólares. Pouco antes o som era de risos e gente cantando. De repente, houve um silêncio mortal enquanto Cole Porter se levantava do piano e se aproximava do convidado horrorizado.

– Ah, você deixou cair uma tigela? – disse, pegando outra peça de sua coleção. – Acontece. Elas são tão escorregadias! – Então, sem querer/querendo, largou a segunda tigela. – Como eu disse, isso pode acontecer com qualquer um. Não se preocupe. Na verdade, bem-vindo ao clube.

Como você lidaria com essa situação? O possível embaraço e o desconforto do seu convidado seriam prioridades na sua mente? Ou você estaria preocupado com o valor da peça quebrada e se poderia substituí-la? Você assumiria a responsabilidade por resolver a situação, mesmo não sendo culpa sua? Resumindo, você teria reagido como uma pessoa comum ou agiria com classe?

A classe sempre encontra um modo de se revelar, mas o verdadeiro teste para alguém com essa qualidade de caráter acontece diante de uma catástrofe. Por esse motivo as pessoas assim treinam para ver os problemas como oportunidades. Pode parecer clichê, mas alguns indivíduos vivem segundo esse preceito – e essas pessoas são realmente inesquecíveis. O falecido W. Clement Stone, que criou um império de bilhões de dólares no ramo dos seguros, tinha um modo especial de reagir às más notícias. Como disciplina pessoal, ele treinou para exclamar "Excelente!", não importando quão ruim fosse a informação. Stone era uma pessoa determinada a encontrar a oportunidade positiva escondida em cada desastre. Se não houvesse uma oportunidade oculta, ele a criaria.

Como dissemos, não é fácil. Mas não é para ser mesmo.

Na década de 1980, oito pessoas morreram quando alguém colocou veneno em frascos de Tylenol vendidos em uma farmácia em Chicago. Imediatamente o CEO da Johnson & Johnson assumiu a responsabilidade pelo que havia acontecido, ainda que a empresa não tivesse nada a ver com o envenenamento do seu produto. Mais de 31 milhões de frascos de Tylenol foram retirados das prateleiras e destruídos, ao custo de 100 milhões de dólares. Foi uma boa decisão? Na época o CEO da Johnson & Johnson era James Burke. Como ele disse: "O teste do executivo de uma empresa está em como ele reage à catástrofe." Em outras palavras, enfrentar problemas difíceis não é apenas algo que você é obrigado a fazer, é o motivo para você estar *onde* está, é uma chance de mostrar *quem* você é e *o que* você é.

Trata-se de estabelecer um padrão mais elevado para si mesmo e depois estar à altura dele – o que não é um mau começo para uma definição de o que realmente significa ser uma "pessoa de classe".

Aparência e realidade

O psicólogo clínico Taibi Kahler, Ph.D., fez alguns estudos interessantes sobre a motivação humana. Mais precisamente, Kahler identificou várias crenças específicas que fazem as pessoas agirem de determinada maneira na vida – às vezes com resultados positivos, mas frequentemente com resultados de autossabotagem. Quando as pessoas se comportam de um modo que parece carecer de classe verdadeira, não o fazem intencionalmente. Pelo contrário, sua motivação pode ser bastante positiva, mas também equivocada. Para entender como isso funciona, pode ser útil estudar os quatro impulsos motivadores de Taibi Kahler.

Ele identifica o primeiro impulso motivador como a necessidade de ser "perfeito". Como diz, isso significa: "Você precisa ser perfeito. Precisa ser correto em todos os sentidos. Precisa ter sucesso em tudo que faz. E precisa sempre vencer."

Podemos ver como essa crença afetou Richard Nixon em seu primeiro debate presidencial. Ele se sentiu compelido a participar, a enfrentar o desafio e a vencer – apesar dos muitos e evidentes motivos para não fazer isso. Ele queria ser uma pessoa "de classe", o que em si é uma intenção positiva. O problema é que estava agindo por medo. Tinha medo de ser considerado pouco perfeito. Por conta disso, foi exatamente assim que passou a ser visto.

Entre outros impulsos potencialmente autossabotadores estão:

- O desejo de parecer forte o tempo todo. Isso se baseia em um equívoco fundamental: a crença no fato de que nunca demonstrar vulnerabilidade equivale a ter força, a ser forte.
- Um sentimento de urgência e a necessidade de estar "no comando" o tempo todo. Ainda que um número muito significativo de pessoas muito bem-sucedidas tenham sido identificadas como notáveis desde o início, muitas não o foram. A necessidade de ser "o mais jovem milionário" ou "a pessoa com melhor desempenho com

menos de 30 anos" é uma armadilha em que ninguém deveria cair. Mas muitas pessoas caem.
- O desejo de agradar os outros a todo custo e de que isso seja validado por reconhecimento e elogios. Merecer e receber reconhecimento podem ser impulsos dignos, mas não quando você precisa que os outros lhe digam se você se saiu bem. De modo semelhante, é bom ceder aos desejos dos outros, mas não quando há uma crença subjacente de que você só é "suficientemente bom" quando as pessoas estão satisfeitas com você.

A conexão Carnegie

Ainda que a palavra *classe* não apareça com frequência nos livros de Dale Carnegie, os conceitos que estamos discutindo são fundamentais em sua obra e para o impacto que ele teve na vida de milhões de pessoas. Vamos dar uma olhada em alguns pontos abordados por ele nesse sentido. Você verá como essas ideias se relacionam intimamente com as que examinamos até agora – especialmente a importância de aceitar a responsabilidade e de ver a responsabilidade mais como uma oportunidade do que um fardo.

Como dissemos, isso não é difícil de entender. Classe não precisa ser algo complicado. Nos debates entre Nixon e Kennedy, vimos como algumas ideias básicas sobre causar uma boa primeira impressão e adotar o comportamento adequado acabaram sendo tremendamente importantes.

Como você se sente com relação ao modo como se veste, por exemplo? Você considera que parecer bem-arrumado e bem-vestido é uma chateação ou uma oportunidade? E quanto à condição do seu espaço de trabalho ou do seu escritório? Nessas questões aparentemente pessoais você concorda com a imagem da sua empresa ou organização ou diverge dela?

Se você sente necessidade de ser diferente nessas áreas – de seguir um estilo próprio –, pode estar cometendo um erro. Não se trata de uma oposição liberdade *versus* conformidade. Trata-se, na verdade, de autointeresse no sentido mais simples e mais positivo. Quando Richard Nixon usou um terno cinza no debate, talvez visse isso como uma chance de mostrar que podia usar a cor que quisesse. Talvez alguém tenha lhe dito para usar um terno escuro, que se destacaria melhor na TV, mas ele afirmou seu direito de ser diferente e escolher as próprias roupas. No entanto, ninguém na plateia estava pensando nesses termos. As pessoas simplesmente reagiram de forma negativa à aparência do candidato. As pessoas que não podiam vê-lo – as que escutaram o debate pelo rádio – gostaram do que Nixon tinha a dizer. Mas, para os que podiam vê-lo, sua mensagem foi anulada por sua aparência. Simples assim.

Agora vejamos a mesma questão pelo ângulo oposto. Quando as pessoas estão falando com você, você escuta com atenção plena ou fica distraído pela aparência delas, pelo modo como falam ou por outros detalhes? Escutar é uma questão de esperar que a outra pessoa pare, de modo que você possa começar a falar, ou é uma habilidade que você quer genuinamente desenvolver? É incrível como são raros os bons ouvintes! Ao se tornar uma dessas pessoas raras, você pode dar um grande passo para se tornar realmente inesquecível.

Como você reage quando alguém diz algo com que você não concorda? Você considera determinados assuntos ou determinadas pessoas imediatamente irritantes? Todos temos elementos que nos incomodam, mas, de novo, um aspecto importante da classe é estar no controle e aceitar a responsabilidade. Quando alguém diz algo que parece um absurdo total, a pessoa pode simplesmente ser mal informada. Mas não é responsabilidade sua informar o mundo sobre isso. Sua responsabilidade é reagir de modo tranquilo, calmo e controlado – ou seja, com *classe*.

O título do mais famoso best-seller de Dale Carnegie, *Como fazer amigos e influenciar pessoas*, é conhecido em todo o mundo e um dos seus pontos fortes é a simplicidade. Mas, para entender de fato esse título, precisamos observar com atenção uma palavra. De modo surpreendente, essa palavra é *e*. Em uma conversa comum, *e* é apenas uma partícula que une, uma conjunção. Mas essa letra única tem uma função mais importante. *E*, no título do livro de Dale Carnegie, significa "para". As duas partes do título não coexistem simplesmente. Uma parte decorre da outra. Não é apenas uma questão de fazer amigos *e* influenciar pessoas. Fazer amigos *permite* que você influencie pessoas. Fazer amigos *dá o poder* de influenciar pessoas. Para dizer com o mínimo possível de palavras: *obter afeto confere respeito*.

Com relação a isso, digamos uma última vez: não é complicado! É simples. Não é necessariamente fácil, mas sem dúvida é descomplicado. Vamos concluir este capítulo com alguns princípios – não só para ter em mente, mas para *agir* a partir de hoje.

Primeiro, como parte do seu compromisso pessoal como uma pessoa inesquecível, não critique, não condene nem reclame. Ponto-final. Por que não? Bom, você gosta de ouvir as reclamações dos outros? Ouvir alguém condenar outra pessoa faz você gostar dessa pessoa? Ouvir uma lista de críticas feitas por alguém induz você a ser positivamente influenciado por essa pessoa? Acho que as respostas são autoexplicativas.

Em vez de criticar ou reclamar, crie em si mesmo sentimentos de apreciação e gratidão. Não faça isso porque deseja ser uma Poliana. Faça isso por *interesse próprio positivo*. De novo, como você se sente quando está perto de pessoas positivas e apreciativas? Provavelmente esse é o tipo de pessoa que você quer ter como amiga. E, como Dale Carnegie mostrou, os amigos são as pessoas que nos influenciam. Em geral queremos nos esquecer daqueles que são negativos, mas as pessoas positivas não são apenas memoráveis – são literalmente inesquecíveis.

Qual é o melhor modo de demonstrar apreço, gratidão, otimismo e outros sentimentos positivos? Mais uma vez, o que você fala pode ser anulado pela sua aparência – por isso *sorria*! O que pode ser mais simples? De fato, não há necessidade de examinar a fundo aqui os benefícios de sorrir, mas é interessante observar o que as pesquisas mostram. Sorrir – isto é, flexionar os músculos da face – estimula a produção de certas substâncias neuroquímicas no cérebro associadas a sentimentos de prazer e bem-estar. No nível biológico mais básico, sorrir faz bem para você.

E gargalhar pode ser ainda melhor. Há mais de trinta anos Norman Cousins escreveu um best-seller contando que assistia a filmes de comédia para enfrentar uma doença grave. Desde então foram feitas muitas pesquisas sobre os efeitos físicos e emocionais do riso. Um estudo interessante acompanhou a frequência com que as pessoas gargalham em vários estágios da vida. Aos 3 anos nós realmente gargalhamos muito – centenas de vezes por dia. E a partir daí acontece uma diminuição gradual da gargalhada no correr de muitos anos. Mas então acontece uma coisa interessante: algumas pessoas começam a gargalhar mais e outras param de gargalhar totalmente.

Parte disso pode ser culpa da genética, mas, lembre-se, um aspecto essencial de se ter classe é assumir 100% da responsabilidade. Talvez seja simplesmente "natural" ficar mais infeliz à medida que envelhecemos. Mas não significa que você precise deixar isso acontecer. Também pode ser natural tornar-se fisicamente mais fraco e ganhar peso, mas milhões de pessoas estabeleceram como prioridade resistir a esse processo. Você pode se comprometer a manter as emoções positivas, assim como pode manter seu corpo saudável. Mas a palavra-chave é *compromisso*. Nada disso acontece por conta própria. Nada disso acontece com facilidade. Como já discutimos, a classe em geral não acontece facilmente. Você só precisa fazer com que pareça fácil mudando a forma de ver a situação!

No capítulo seguinte e nos demais vamos examinar aspectos específicos da classe como um traço de caráter distintivo: quais são eles, como você pode desenvolvê-los e como eles podem beneficiar você e as pessoas ao redor. Mas o conceito de responsabilidade total que apresentamos aqui no capítulo 2 é o alicerce para a construção de todo o resto.

Você tem o poder de ser alguém de classe. Tem o que é necessário para ser uma pessoa realmente inesquecível.

3

Inspiração, e não imitação

Converse com uma pessoa que trabalhe na área de recursos humanos de uma grande empresa e você descobrirá uma coisa curiosa. Ela lhe dirá que, por um lado, as pessoas que se candidatam a cargos administrativos estão mais bem qualificadas do que nunca. Elas têm títulos acadêmicos chamativos, com frequência incluindo pós-graduações em administração ou contabilidade. Têm sólidas experiências profissionais, com cartas de recomendação escritas pelos supervisores. Apresentam-se de modo eficaz nas entrevistas, com excelente conhecimento da empresa em que esperam trabalhar e da economia como um todo.

Por outro lado, todo mundo parece ótimo no papel e nas entrevistas, mas todo mundo também parece exatamente igual. As pessoas descobriram o modo de se apresentar como administradores competentes e qualificados que não vão causar polêmicas nem cometer erros – mas ninguém consegue dizer "Tenho ideias realmente novas e originais!". As pessoas têm medo de se apresentar como inovadoras e, em consequência, a inovação se tornou uma arte esquecida.

Esse é um problema nas empresas. Mas também é uma oportunidade de ouro para quem valoriza a originalidade e sabe fazê-la funcionar. Você pode se destacar instantaneamente da multidão concentrando-se no que fará bem-feito, e não no que não vai fazer errado. Para isso, terá que conhecer seus pontos fortes e fracos e precisará de informações sobre como maximizar sua colaboração. Mas, acima de tudo, precisará de inspiração: o poder de criar energia e empolgação através do que você fala, da sua aparência e, acima de tudo, do que você faz. Esses são alguns dos temas que vamos abordar neste capítulo.

Como primeiro passo para se tornar inesquecível para os outros, considere como você se enxerga. A imagem é construída a partir da autopercepção. Se sua autopercepção está fora de sincronia com o modo como você quer ser notado, será difícil causar uma impressão positiva – especialmente se você não tiver plena consciência dessa desconexão. Isso acontece com muita gente. Por algum motivo costumamos pensar em nós menos do que gostaríamos. Também costumamos ter uma impressão pior de nós mesmos do que a impressão que os outros têm de nós.

Talvez você não queira parecer egoísta nem queira elevar sua autoimagem à custa dos outros, mas sem dúvida colocar-se para baixo não é um bom modo de avançar. Assim, reconheça agora mesmo que você merece pensar em si mesmo de um modo muito melhor do que aquele ao qual se acostumou. Isso não só fará com que você se sinta mais confiante e merecedor do sucesso como provavelmente também irá levá-lo para bem mais perto da sua verdadeira imagem.

Enquanto não parar de se vender barato, não se surpreenda se o mundo fizer a mesma coisa. Mas o objetivo deste livro, e deste capítulo em particular, é ajudá-lo a se destacar das outras pessoas.

Aqui vai um bom modo de começar a ir nessa direção. Vamos observar suas realizações mais significativas em três diferentes áreas da vida: trabalho e carreira; formação; e relacionamento com familiares e amigos. Vamos examinar as coisas que você fez direito – e, se não fez algumas delas como gostaria, essas também são as áreas em que você vai se comprometer a fazer melhor. Essas são as áreas das quais você merece se orgulhar. E, se não estiver orgulhoso agora, tem uma ótima oportunidade para mudar isso.

E lembre-se: concentrar-se nas suas realizações – passadas, presentes e futuras – não significa que você está sendo egoísta ou autocentrado. Significa dar-se o devido crédito e simplesmente ser capaz de fazer o que irá destacá-lo imediatamente da multidão.

Trabalho e carreira

Talvez seu meio de vida atual seja exatamente o que você sempre quis fazer – ou você pode estar em um trabalho ou um ramo em que jamais esperou entrar. Pode estar feliz com o que faz ou pode estar desapontado. Mas, por enquanto, vamos deixar tudo isso de lado. Sem levar em conta as complexidades de onde você trabalha ou por que trabalha nesse lugar, tente identificar a melhor realização da sua carreira. Pode ser algo que fez para seu empregador, algo que fez para si mesmo ou algo que fez para ajudar um colega.

Para entender isso, imagine que você é Bill Gates, uma das pessoas mais ricas do mundo. Faça um passeio pela sua mansão e pense na questão que acabamos de abordar. Qual é a melhor coisa que você já fez em seu trabalho e em sua carreira? Nas decisões empresariais, certamente um dos seus pontos altos foi licenciar seu sistema operacional de computador para a IBM cobrando praticamente nada, desde que você pudesse manter também o direito de licenciar o sistema para outros fabricantes. A IBM concordou sem hesitar porque, afinal de contas, ninguém desejaria competir com a empresa mais poderosa do mundo, certo? Com essa decisão, seu sistema e sua empresa se tornaram dominantes em todo o planeta, e você, Bill Gates, estava a caminho de possuir um patrimônio de mais de 60 bilhões de dólares.

Ou talvez você prefira observar sua maior realização de carreira por um ângulo diferente. Em vez de se concentrar na decisão que o ajudou a ganhar tanto dinheiro, talvez deseje se concentrar na decisão de doar uma boa parte desse dinheiro. Afinal de contas, nenhuma pessoa na história se tornou um filantropo na escala de Bill Gates. Países da África e da Ásia estão recebendo bilhões de dólares em apoio médico e educacional. Isso pode não ser tão divulgado quanto a sua grande casa no lago Washington com suas obras de arte digitalizadas, mas certamente é algo de que se orgulhar.

Determinar sua maior realização de carreira é uma decisão pessoal. Pode ser algo óbvio ou algo sutil, mas que deve deixá-lo orgulhoso. Então pare um momento e escolha.

Formação

Nossa próxima categoria de realização tem a ver com sua formação, e aqui devemos definir formação de modo amplo. Você recebeu notas máximas em todo o tempo de escola? Caso tenha recebido, isso é ótimo e algo de que você deve se orgulhar. Mas, sem diminuir a importância das notas altas, isso realmente não irá destacá-lo da multidão. Como o encarregado pelas admissões de qualquer universidade importante irá lhe dizer, eles poderiam preencher todas as vagas de todas as turmas com alunos que tiraram notas máximas no Ensino Médio. De modo semelhante, quase todo candidato às principais escolas de MBA se formou com mérito na graduação. Assim, em vez de contar com as medidas-padrão objetivas para o sucesso educacional, pense no que você sabe e que talvez mais ninguém saiba.

O que você realmente aprendeu a fazer – escrever, pintar, costurar ou trabalhar no seu carro? Como adquiriu essa capacidade? Aprendeu com outra pessoa, leu a respeito ou é algo que você desenvolveu totalmente sozinho? É algo que lhe veio facilmente ou exigiu trabalho e estudo consistentes? Aqui uma realização educacional significa qualquer coisa que você tenha aprendido realmente bem – e que talvez ninguém saiba tão bem quanto você. O que você aprendeu e que pode lhe causar orgulho verdadeiro? Pense nisso agora.

Relacionamento com familiares e amigos

Agora vamos passar para uma área que você provavelmente consideraria a mais importante da sua vida. Por estranho que pareça, também é uma que costuma ficar um pouco esquecida enquanto lutamos para alcançar nossos objetivos.

Se você perguntar às pessoas o que elas querem fazer da vida, pode esperar todo tipo de resposta diferente. Mas, se perguntar por quê – especialmente se elas tiverem filhos –, quase sempre receberá uma variação da mesma resposta: "Não estou fazendo isso por mim. Estou fazendo pela minha família. Estou fazendo pelas pessoas mais próximas, que dependem de mim."

Você pode ouvir pessoas de 20 e poucos anos fazendo declarações como essa e também pode ouvi-la de pessoas com mais de 60 anos. Uma quantidade tremenda de emoção e esforço é direcionada para os nossos relacionamentos humanos, mas quando paramos para reconhecer o resultado de tudo isso? Quando realmente tiramos um tempo para avaliar as coisas que realizamos para as pessoas da nossa vida? É isso que eu gostaria que você fizesse agora.

Qual é a sua maior realização nos seus relacionamentos com outras pessoas, seja na família ou com amigos íntimos? Quando houve um momento do qual você se lembre e diga "Isso é que faz com que tudo valha a pena!"? Pode ser um casamento, uma formatura ou algo mais íntimo, mas deve ser uma ocasião que faz você se sentir bem com relação a si mesmo e com o que realizou em um relacionamento humano.

Agora, ao examinar suas realizações no trabalho, na formação e no seu relacionamento com os outros, você deve ter descoberto alguns motivos genuínos para se sentir bem com relação a si mesmo. Não se esqueça desse sentimento nem dos momentos que o conectam com ele. Você pode usar essas memórias como âncora para impedi-lo de se afastar de um sentimento de identidade positiva. Esse é o tipo de desvio que pode acontecer com grande facilidade em um mundo acelerado e competitivo. Assim, resista a essa tendência. Ao fazer isso você dará um passo relevante para se tornar inesquecível para todas as pessoas que conhecer. Mais importante ainda, você se tornará inesquecível para si mesmo.

Destacando-se

Vimos que, no mercado empresarial de hoje, não basta ser bem qualificado, especialmente se suas qualificações forem iguais às de todo mundo. No restante deste capítulo examinaremos maneiras de fazer você se destacar. Veremos como você pode mostrar o seu valor – como administrador, colega e até mesmo como amigo. Também veremos como ser original, de modo que seja bom ou melhor do que a concorrência e que seja diferente em alguns sentidos positivos. Ao realizar esses dois objetivos você terá dado um grande passo para se tornar extraordinário.

A liderança empresarial se baseia em dois elementos: visão e competência técnica. As pessoas excelentes em um determinado ramo sempre incorporam pelo menos um desses dois elementos. Às vezes, mas raramente, incorporam os dois. Dito de modo simples, visão é a capacidade de enxergar o que outras pessoas não veem. Como o executivo da Ford Lee Iacocca ao perceber que existia mercado para um automóvel que era ao mesmo tempo um carro de corrida e um veículo de rua – e lançou o Mustang. E como Steve Jobs percebeu que os computadores precisavam ser vendidos em uma caixa única, como os aparelhos de TV, em vez de aos pedaços.

Há cerca de cem anos Walter Chrysler era um gerente de fábrica em uma indústria de locomotivas. Decidiu passar para o negócio de automóveis, um ramo novo e vigoroso na época. O problema era que Walter Chrysler não sabia muito sobre carros além do fato de que estavam começando a suplantar os cavalos nas estradas e ruas. Para remediar esse problema, Chrysler comprou um dos Fords Modelo T que estavam ficando tão populares. Para aprender como ele funcionava, desmontou-o e montou de novo. Então, só para se certificar de que compreendia tudo, repetiu o processo. Depois, para ter certeza absoluta de que sabia o que fazia um carro funcionar, desmontou-o e montou de novo mais 48 vezes. Quando terminou, Chrysler não só tinha uma visão clara sobre os milhares de carros que transitavam pelas estradas americanas como também tinha os detalhes mecânicos desses veículos gravados na mente.

Talvez você tenha assistido ao filme *O vendedor de ilusões*. Ele conta a história de um vendedor de instrumentos musicais que chega a uma cidadezinha e tenta convencer os habitantes a formar uma banda. Mas ele não sabe tocar nenhum instrumento, não sabe comandar uma banda e não tem sequer conhecimento de música.

O vendedor de ilusões é uma comédia, mas não é totalmente irreal. Alguns administradores na indústria de informática não sabem formatar um documento. Alguns executivos do ramo automobilístico não são capazes de trocar um pneu. Já houve até um vice-presidente dos Estados Unidos que não sabia soletrar *potato* (batata). Não é boa ideia carecer das capacidades técnicas fundamentais no seu ramo de atividade, muito menos ser descoberto como alguém que não as possui. Então vejamos o que você pode fazer para evitar esses problemas.

O primeiro passo é fazer a si mesmo algumas perguntas reveladoras. Se a sua resposta a essas perguntas for negativa, você precisa dedicar atenção imediata a essa área. E, mesmo se a maioria das suas respostas for afirmativa, você pode usar as perguntas como marcos de orientação. Elas podem sugerir novos passos para você crescer nesses setores e também podem chamar sua atenção para pessoas que você conhece e que são especialmente competentes ou impressionantes em algum outro sentido – pessoas com quem você pode aprender, pessoas que talvez seja bom conhecer mais profundamente. De forma geral, as perguntas podem ajudar você a fazer mais.

Aqui vão alguns itens para pensar com relação à competência técnica:

Suas ideias e opiniões são prontamente aceitas? Ou suas sugestões costumam ser questionadas e recusadas muitas vezes porque os outros as consideram pouco práticas?

Até que ponto as outras pessoas pedem sua opinião especializada? As pessoas pedem frequentemente que você tome decisões envolvendo questões técnicas? Ou parecem não ter confiança no seu conhecimento?

Você se mantém a par das novidades no seu negócio ou em seu ramo de atividade? Ou costuma fazer as coisas como sempre fez?

Pense um pouco nessas perguntas. Enquanto faz isso, aqui vão algumas ações específicas que você pode fazer para elevar sua competência técnica e também para garantir que ela seja reconhecida.

Certifique-se de consultar as publicações da área e os principais sites da internet relacionados ao seu negócio ou ao seu ramo de atividade. Aprenda os nomes e cargos dos executivos das grandes empresas. Seja capaz de discutir sobre novos produtos e serviços a partir de uma perspectiva operacional. Certifique-se de que consegue usar de modo confortável o jargão do ramo, que os especialistas usam para reconhecer seus pares. Mais importante, faça um esforço verdadeiro para aprender o lado técnico da sua atividade. Isso sem dúvida vai colocá-lo numa posição de destaque. O esforço vale a pena. Ao ser tecnicamente competente, você será percebido como tremendamente valioso – e, à medida que a competência técnica se torna mais rara, você também será visto como alguém totalmente original e inesquecível.

Você tem dificuldade para se comunicar?

Já vimos como você pode se destacar dominando as questões técnicas do seu ramo de atividade. Mas você também precisa aprender a comunicar seu conhecimento às pessoas com quem trabalha. Todos conhecemos pessoas que dominavam sua área mas que não conseguiam compartilhar o que sabiam.

O estranho é que muitas pessoas que não se comunicam bem costumam não perceber que têm esse problema. Um engenheiro pode preencher um quadro-negro com diagramas e números e esperar que todos os presentes saibam exatamente o que aquilo significa. Na verdade o que ele escreveu pode não significar nada para ninguém. Pode ser algo totalmente ininteligível. E, pior ainda, ninguém irá admitir. Portanto, agora vamos nos concentrar em avaliar sua capacidade de comunicação e também em aperfeiçoá-la. Afinal de contas, ser um pensador original não vale muito se ninguém entender o que você está pensando. Se for esse o caso, você pode ser inesquecível, mas não pelos motivos que deseja!

Aqui vão algumas perguntas e ideias para ajudar.

Você gosta de estar na companhia das pessoas com quem trabalha? Esse pode ser um bom modo de saber se elas gostam de estar com você. Uma vez perguntaram ao falecido Marlon Brando se ele se considerava o melhor ator de Hollywood. Era uma pergunta capciosa, mas Brando respondeu de modo criativo: "Não importa se eu sou o melhor ator. Sou o ator mais bem posicionado. As pessoas me conhecem e me querem por perto. Eu torno a vida interessante para as pessoas ao redor. Isso é divertido para mim e para elas. Nem sempre sou um sujeito legal, mas nunca sou o mesmo sujeito duas vezes. Por isso os estúdios querem me colocar nos filmes e por isso o público quer me ver neles." Você é parecido com Brando nesse aspecto? Fica com os colegas mesmo quando não precisa? Se a resposta é sim, está no caminho certo. Se é não, pergunte: com quem você preferiria estar? Depois pense em como pode fazer uma mudança de carreira nessa direção.

Você se comunica com os colegas mesmo quando não é estritamente necessário – por telefone, mensagem, e-mail ou pessoalmente? Ou se sente mais confortável sozinho? Provavelmente jamais houve uma pessoa com mais dificuldades nessa área do que Howard Hughes. Ele era um especialista técnico excepcional e sem dúvida inesquecível. Era capaz de projetar um avião, pilotá-lo e também dirigir um filme sobre isso. Mas para ele era muito, muito difícil se conectar com os funcionários. Uma vez Hughes entrevistou um candidato a um cargo de engenheiro. No fim da entrevista disse que não considerava o sujeito adequado para a função, mas que havia outro cargo para o qual talvez fosse interessante. O salário era igual ao de engenheiro e o serviço era muito mais simples. O candidato só precisaria ficar em uma suíte de hotel das nove às cinco todos os dias – mas se o telefone tocasse ele precisaria atendê-lo ao primeiro toque. Não havia mais nada. Nenhuma outra informação seria dada e nenhuma pergunta poderia ser feita. Era apenas uma questão de atender o telefone ao primeiro toque. O homem aceitou a oferta e passou três semanas no quarto de hotel. O telefone jamais tocou e ele não suportou mais. Abandonou o emprego.

Esse pode parecer um exemplo exagerado, mas é essencialmente o que costuma acontecer quando você dá uma tarefa sem comunicar seu propósito e seu motivo. Esse propósito pode estar claro para você, mas isso é apenas o começo. É preciso deixá-lo claro para os outros. Se você não consegue fazer isso, é melhor ter tanto dinheiro quanto Howard Hughes, porque suas perspectivas de carreira podem ser seriamente limitadas.

A seguir, vamos a mais alguns pontos.

Se você tem uma diferença de opinião com relação a alguém, acha que precisa vencer sempre? Nesse caso, escolha as palavras com cuidado. O modo como você se expressa será lembrado muito depois de esquecerem o que você disse.

Se uma pessoa é alvo da raiva de outra, você assume instintivamente o lado de uma delas? Não se apresse a fazer um julgamento, mesmo se os outros fizerem isso. Qualquer disputa tem dois lados, e também existe a opção sensata de não se envolver se não for necessário.

Acima de tudo, destacar-se como líder ou funcionário implica caminhar sobre uma linha tênue. É ótimo ser sociável – mas não é ótimo ser apenas sociável. É bom circular dentro da cultura da organização, mas não é bom ficar parado perto do cafezinho.

– Vocês realmente gostam de mim!

Quando a atriz Sally Field disse essas palavras ao receber um Oscar, estava tocando em um tema compartilhado por muita gente. Pesquisas mostram que três coisas passam pela cabeça das pessoas quando conhecem alguém. Primeiro elas fazem uma avaliação da inteligência e da formação do recém-chegado. É uma pessoa que está no meu nível de conhecimento do mundo ou estamos em níveis radicalmente diferentes? É alguém muito abaixo de mim intelectualmente ou eu me sinto intimidado por esse Einstein?

O melhor é não ser percebido em nenhuma extremidade desse espectro. A maioria das pessoas se sente desconfortável com os gênios e definitivamente rejeita quem faz pose de intelectual. Além disso, rejeita os cabeças de vento – portanto aja pensando nisso.

O segundo julgamento que fazemos sobre quem acabamos de conhecer tem a ver com a condição financeira. Essa pessoa é rica ou não? Ela usa o cartão de crédito para fazer compras ou é dono da empresa de cartões de crédito?

Novamente, não existe muito benefício em ser visto num dos extremos. Como acontece com a grande inteligência, é difícil nos identificarmos com a grande riqueza. E estar em dificuldades financeiras pode ser assustador para muita gente. Então tenha consciência de que suas questões financeiras estão passando pela mente dos novos conhecidos e tente não fazer com que o dinheiro seja um ponto de separação entre vocês.

Assim, logo de início as pessoas avaliam se alguém é inteligente e se é rico. Mas a terceira avaliação é definitivamente a mais importante, e é uma qualidade que abordamos superficialmente no fim do capítulo anterior. O terceiro ponto em que as pessoas pensam é se podem ser suas amigas. Não se você pode ajudá-las a progredir nem se você venceria ou perderia para elas no golfe, e sim se pode ser amigo delas. Com relação a um novo conhecido, os seres humanos querem isso mais do que qualquer coisa – e Dale Carnegie foi uma das primeiras pessoas a deixar isso claro.

Não é fácil definir exatamente o que vai despertar a amizade em outra pessoa. Mas a capacidade de acender essa chama é o elemento mais importante para você se destacar da multidão que passa pela nossa vida. Em quatro princípios curtos – um deles tem apenas uma palavra –, Dale Carnegie chegou mais perto do que qualquer pessoa de revelar o segredo da amizade, que é literalmente o segredo do sucesso. Nosso tema neste capítulo tem sido fazer você se destacar como uma pessoa original e inspirada, e esses pontos certamente irão ajudá-lo nisso. Mas sugiro que pense neles como o alicerce para tudo que ouvirá aqui. Lembre-se: amizade é o que o ser humano mais deseja. A seguir veremos como ofertá-la.

Primeiro, assuma um interesse genuíno pelo outro. A palavra-chave é *genuíno*. Não finja. Treine para se tornar interessado pela vida dos outros. Você pode ser totalmente fascinante, mas isso não significa que é a única pessoa totalmente fascinante no mundo. Mostre às pessoas que você sabe disso.

Segundo, lembre que o nome de uma pessoa, para ela, é a palavra mais importante em qualquer língua. Concentre-se em lembrar o nome de alguém assim que conhece a pessoa. Use o nome na conversa, para não esquecer.

Terceiro, faça com que a pessoa se sinta importante – e faça isso com sinceridade. De novo, o importante é a sinceridade. Um antigo provérbio diz: "Sabedoria é a capacidade de aprender alguma coisa com todo mundo." Se você quer ser sábio, descubra algo importante que pode aprender com apenas uma pessoa: a pessoa com quem você está falando agora.

O quarto e último é um princípio que está em uma única palavra: *sorria*. O que poderia ser mais simples? Sorria. Na verdade, sorria agora mesmo!

4

Honestidade com honra

V IVEMOS EM UMA SOCIEDADE QUE VALORIZA tremendamente a capacidade de comunicação. Além disso, nos tornamos bastante sofisticados no modo como manifestamos essa capacidade. Gostamos de pessoas que conseguem se expressar bem, mas também sabemos que existe mais de um jeito de fazer isso.

No primeiro capítulo vimos como o presidente Kennedy conseguiu criar uma impressão favorável no debate com Richard Nixon. Mas Ronald Reagan e Barack Obama foram igualmente eficazes em seus debates, apesar de terem estilos totalmente diferentes. Porém eles tinham algo em comum: todos eram inesquecíveis.

Diante disso, é possível tirar uma conclusão geral sobre o que a boa comunicação envolve? Sem dúvida existem alguns princípios básicos para toda comunicação eficaz, mas as maneiras de aplicar esses princípios são quase infinitas. De fato, o número de modos de aplicar os princípios é praticamente equivalente ao número de pessoas que irão aplicá-los. Portanto preste atenção. No fim deste capítulo você saberá que estilo de comunicação tornará *você* uma pessoa inesquecível.

Dizer a verdade

O fundamento para se comunicar de modo eficaz pode ser expresso em uma palavra: *honestidade*. Isso significa *dizer a verdade*. Para nossos objetivos aqui, vamos considerar que você aceita essa premissa. Ser uma pessoa de classe não inclui fazer qualquer coisa enganosa. Tornar-se inesquecível não implica aparar as arestas da verdade. Mas você verá que existem modos diferentes de se expressar com honestidade – não somente para seu benefício, mas também para o de seus ouvintes.

Algumas vezes, por exemplo, será melhor pegar o caminho mais curto e rápido para a verdade. O galinho Chicken Little, do filme de Mark Dindal, falou sem rodeios: "O céu está caindo!" Era uma verdadeira emergência, ou pelo menos ele achava que era, e queria passar essa informação essencial no menor tempo possível. Mesmo se não estiver diante de uma emergência, você precisa falar diretamente com algumas pessoas. É isso que elas querem e é disso que precisam.

A palavra que usaremos para indicar essa forma de comunicação direta é *franqueza*. Em termos gerais, franqueza é algo que a maioria das pessoas diz que aprecia. "Só os fatos, senhora." É assim que gostamos. Ou pelo menos é isso que dizemos.

Vejamos um exemplo do valor da comunicação franca – e dos problemas que podem surgir na sua ausência.

Janice é diretora de marketing da empresa de produtos domésticos East Coast. Um dia ela foi convocada inesperadamente para uma reunião com o supervisor e o chefe de operações. O objetivo da reunião era discutir maneiras de melhorar a comunicação. Mas, para surpresa de Janice, parecia que a maior parte da discussão já havia acontecido sem sua presença. Disseram que várias das suas responsabilidades seriam transferidas para uma firma terceirizada.

Fazia dez anos que Janice estava na empresa. Ela se sentiu traída, sabia que às vezes reorganizações são necessárias, mas por que não tinha participado das discussões iniciais? E mais, por que tinham lhe dito que ela participaria de uma discussão e acabou descobrindo que a discussão já havia acontecido?

Na verdade o motivo era simples. Os supervisores de Janice achavam que, se falassem francamente o que estava sendo feito, ela ficaria com raiva.

Talvez estivessem certos. Mas ela ficou com mais raiva ainda por ter sido excluída das deliberações.

O que aconteceu no exemplo foi uma forma de desonestidade. Em um sentido mais amplo, foi uma ausência de classe. A classe, você deve lembrar, se baseia em assumir responsabilidade total por suas ideias e seus atos. O que ocorreu aqui foi o oposto de assumir responsabilidade; foi tentar espalhar a responsabilidade de modo que ninguém precisasse assumi-la – nem mesmo os altos executivos da empresa. Em vez de se esforçar para se tornar inesquecível, era uma tentativa de ficar invisível.

Até mesmo os altos executivos costumam evitar discussões diretas com as pessoas que serão afetadas por uma decisão. Em vez de ir direto ao gerente envolvido, os executivos podem tentar lançar balões de ensaio com outras pessoas da empresa para avaliar a reação e obter apoio. Mas isso só provoca boatos, enfraquece o trabalho em equipe e prejudica a comunicação.

Se Janice soubesse que ia enfrentar esse tipo de desonestidade, o que poderia fazer? Que atitude ela poderia ter tomado para proteger seus interesses com classe?

Em termos ideais, Janice teria desenvolvido um relacionamento de tamanha confiança com seus supervisores que a comunicação franca não iria amedrontá-los. Certo, se eles fossem executivos melhores não ficariam intimidados, para começo de conversa, mas nem todas as pessoas são tão competentes quanto deveriam. Em segundo lugar, se Janice suspeitasse de que iriam acontecer mudanças, ela própria poderia ter falado com franqueza, mesmo que os outros não fizessem isso. Um bom modo de colocar seria: "Há alguma coisa que eu precise saber?" Às vezes você deve se inserir nas comunicações. Isso não é ser intrometido ou insubordinado; trata-se apenas de garantir que seus interesses não sejam desconsiderados, sobretudo por motivos insignificantes. É literalmente tornar-se inesquecível em um sentido prático.

Mesmo depois de uma decisão ter sido imposta, você não precisa necessariamente ceder a ela. Se um gerente sente que estão sendo tomadas decisões a seu respeito sem que ele saiba, está certo perguntar: "Eu estou fazendo alguma coisa que deixa você relutante em falar comigo? Se estiver, eu gostaria de cuidar disso agora, para poder participar de tudo que estamos fazendo." Falar francamente proporciona abertura para uma conversa – ou força uma abertura, se for necessário.

Com relação à franqueza, há algo mais a saber. Ser franco quase sempre inclui algum risco. Se você pretende falar de forma franca e sente que não há risco nisso, é provável que não esteja sendo totalmente franco. Pense na fábula "A roupa nova do imperador", em que um menino arrisca a vida ao dizer a verdade de modo direto. É preciso coragem para ser franco. É preciso classe. Mas, quando você sente que a honestidade deve ser comunicada de modo muito direto, realmente não existe opção.

Ganhando os corações e as mentes

Seu status como alguém que tem classe enfrenta os maiores desafios – e também as maiores oportunidades – quando você precisa obter a cooperação de outros. Isso é especialmente verdadeiro quando as pessoas têm ideias ou opiniões diferentes das suas. Situações assim exigem um equilíbrio cuidadoso de habilidades. Simplesmente enfrentar a situação pode exigir uma força pessoal. Na superfície costuma parecer mais fácil fingir que as diferenças não existem do que iniciar uma ação para descobrir uma solução com a qual as partes concordem. É necessário sensibilidade para descobrir os verdadeiros objetivos de outra pessoa perguntando e ouvindo com atenção, sem julgar.

Muitos princípios sobre os quais Dale Carnegie escreve em *Como fazer amigos e influenciar pessoas* se aplicam diretamente à comunicação.

Tenha em mente os seguintes pontos:

- *Para tirar o melhor proveito de uma discussão, evite-a.*
- *Demonstre respeito pela opinião da outra pessoa. Jamais diga que ela está errada.*
- *Se você estiver errado, admita rapidamente, enfaticamente.*
- *Comece de modo amigável. Consiga que a outra pessoa diga "sim" imediatamente.*
- *Deixe a outra pessoa falar.*
- *Deixe que a outra pessoa sinta que a ideia é dela.*
- *Fale baixo.*
- *Sorria de modo adequado.*

- *Se o confronto não puder ser evitado, não sinta que você precisa obter uma rendição incondicional. Sempre dê à outra pessoa uma abertura para uma retirada honrosa.*

Solucionando conflitos

Essa abordagem inteligente à solução de conflitos não é tão fácil quanto pode parecer. Às vezes você pode não se sentir calmo, racional ou com a mente aberta. O psicólogo William James escreveu: "A ação parece acompanhar o sentimento, mas na verdade a ação e o sentimento andam juntos; e ao regular a ação, que está sob o controle mais direto da vontade, podemos indiretamente regular o sentimento."

Em outras palavras: quando você adota as atitudes de uma pessoa calma e racional, torna-se calmo e racional. Quando age com a mente aberta, sua mente se abre. E, de modo quase mágico, a pessoa com quem você está interagindo espelha esses comportamentos e adota os mesmos sentimentos.

Diplomacia

Às vezes as pessoas que não se expressam bem tentam transformar isso em virtude. "Talvez eu não seja muito bom com as palavras", dizem, "mas pelo menos você sabe como sou. Pelo menos sou honesto."

Quais são as bases de uma declaração como essa? Primeiro, há a sugestão de que as pessoas que são boas com as palavras são inerentemente suspeitas de desonestidade. É uma ideia errada. A honestidade pode assumir muitas formas diferentes. Ninguém quer ser tratado com indelicadeza. E nem todo mundo quer falar de modo indelicado.

Os comunicadores inesquecíveis são pessoas que sabem o que precisam dizer, mas que também têm consciência das necessidades das pessoas que precisam ouvi-los. Vamos observar o que isso implica, passo a passo.

Diplomacia em ação

Antes de qualquer coisa, é importante deixar algo bem claro: as conversas francas podem representar confrontos – esperamos que de modo positivo –, mas a comunicação diplomática deve sempre acontecer em uma atmosfera de civilidade. Pode haver muita coisa acontecendo por baixo da superfície, o que não significa que você esteja sendo desonesto. Só indica que você está sendo diplomático.

Outro ponto importante: aborde o problema de modo calmo e controlado. Um tom de julgamento ou acusação quase nunca é útil. Só dá às pessoas uma desculpa para levantar as defesas e reagir de modo pessoal. Se você estiver com bastante raiva, pode se sentir tentado a desconsiderar as realizações da outra pessoa e dizer que ela não tem valor. Mas, de novo, isso só provocará uma resposta no mesmo nível. Portanto, permita que a outra pessoa conte seu lado da história. Certifique-se de ouvir respeitosamente tudo que é dito. De novo, evite discussão ou confronto.

Faça sugestões construtivas. Certifique-se de que elas sejam expressas de modo a não diminuir nem humilhar as pessoas. Enfatize *o que*, e não *quem*. Baseie a discussão na ação errada, e não nas falhas de caráter da pessoa que agiu. Encoraje a mudança positiva por meio de perguntas eficazes e da audição ativa. Depois estabeleça um acompanhamento não ameaçador para avaliar o progresso e fazer outras correções.

Termine a conversa afirmando à pessoa como ela é valiosa. Se você realmente tiver tido classe, a pessoa sairá motivada a seguir as sugestões feitas. Isso não se dará em função do medo, e sim porque a pessoa enxerga um futuro positivo com você.

Aqui vai uma última tática para ter em mente: *Não levante a voz*. Algumas pessoas podem achá-la fácil; outras podem achar difícil. Quando os decibéis ultrapassam um determinado nível em um encontro entre duas pessoas, nada de positivo pode resultar. Sem dúvida muito pode acontecer quando pessoas gritam umas com as outras, mas não algo de bom. Uma das piores coisas que alguém pode dizer sobre um líder é que ele "gosta de gritar".

Teddy Roosevelt disse: "Fale baixo e carregue um porrete grande." E, se você não tiver um porrete grande, fale baixo mesmo assim.

Disciplina: o ingrediente final

Depois de mais de 35 anos como executivo de seguros em Chicago, Jim estava pronto para se aposentar. Ele e sua mulher, Joyce, tinham comprado uma casa na Flórida e estavam ansiosos para escapar pela primeira vez do inverno no Meio-Oeste. Estavam até empolgados para fazer a longa viagem de carro até a Flórida. Não havia pressa e eles podiam demorar quanto quisessem para chegar à casa nova.

Por acaso acabaram demorando um pouco mais do que desejariam. Por volta das dez da manhã, estavam viajando pelo norte do Alabama quando houve um barulho forte embaixo do carro. Não era uma explosão, era mais como um estrondo metálico – e foi seguido por um chacoalhar alto e contínuo. O que quer que fosse, não era bom. Jim reduziu a velocidade do carro até quase o ritmo de uma caminhada e passou para a pista da direita da rodovia. Por sorte havia uma saída poucos metros adiante, de modo que pelo menos não ficariam presos no acostamento da interestadual. Indo o mais lentamente possível, conseguiu chegar à rampa de saída. O barulho continuava, mas agora era mais suave, em proporção com a velocidade do carro. Jim e Joyce não disseram nenhuma palavra, apenas se entreolharam. Tinham passado por muita coisa no correr dos anos, mas não esperavam que a aposentadoria fosse assim.

Quando alcançou a via de acesso, Jim ficou feliz ao ver um posto de gasolina adiante. Ainda seguindo o mais lentamente possível, chegou ao posto e desligou o motor.

Ali Jim e Joyce encontraram Norm, um homem que os dois passariam a conhecer bastante bem naquele dia. Norm parecia não ter trocado de macacão desde o governo Kennedy, mas obviamente sabia cuidar de um carro. Apesar de ser um homem grande, enfiou-se embaixo do chassi com a agilidade de um lagarto de quintal.

– Olhe só – anunciou embaixo do carro –, devia ser um pedaço de corrente caído na estrada, porque é isso que está enrolado no eixo. E bem apertado! Abriu um buraco no fundo do carro.

Jim não gostou do que ouviu. Não entendia muito sobre carros, mas sentiu que algumas horas desagradáveis se seguiriam. Enquanto isso, Norm emergiu de baixo do carro e disse:

– O negócio é feio.

Jim assentiu.

– Bom, o que vai ser necessário para consertar?

Norm balançou a cabeça lentamente, como se tivessem pedido que ele soletrasse uma palavra extremamente difícil.

– Ainda é difícil avaliar. Primeiro precisamos tirar essa corrente do eixo. Terei que usar um maçarico e vou precisar de muito cuidado. Depois veremos o dano que foi feito na parte de baixo do carro. Pode ser necessário soldar. Por enquanto não posso dar todos os detalhes.

– Acho que entendo – disse Jim. – Mas quanto você imagina que irá custar?

– Como eu disse, por enquanto não posso dar todos os detalhes.

Depois Norm ficou em silêncio. Não precisava dizer "Você não tem muita opção, não é?", porque isso já estava perfeitamente claro.

Antes de autorizar Norm a começar o serviço, Jim puxou a esposa de lado para uma conversa em particular.

– Se a aposentadoria é assim, eu gostaria de voltar a trabalhar.

Joyce sorriu.

– Talvez você precise voltar a trabalhar, porque é capaz de ficarmos presos aqui. – Mas em seguida acrescentou: – Vamos tentar ver o lado bom da situação. Estamos presos neste lugar, então vamos aproveitar ao máximo. As coisas poderiam ser muito piores. Diga a ele para começar logo, de modo que possamos ir embora o quanto antes.

Em poucos minutos Norm estava com o carro na baia de serviço. Enquanto ele trabalhava, Jim e Joyce exploraram a área em volta do posto de gasolina. Não tinham absolutamente nada para fazer. Havia outro posto do outro lado da interestadual, e só. Então começou a chover. Os caminhões passavam a toda a velocidade na estrada, espalhando água por todo lado. Norm estava trabalhando no carro.

Enquanto trabalhava, Norm falava. Falou sobre sua família, seus cachorros, seus carros, sua casa, seu telhado e seu porão. Mas, acima de tudo, falou sobre futebol. Parecia capaz de lembrar cada detalhe de cada jogo da Conferência Sudeste. Às vezes ficava tão envolvido no que dizia que parava de trabalhar para descrever uma jogada crucial.

Depois de várias horas assim, Jim puxou Joyce de lado outra vez.

– Acho que ele está tentando nos enrolar. Ele não é mecânico coisa nenhuma, é um embromador!

Joyce continuava positiva.

– Pense na situação como um desafio. Um dia vamos rir disso tudo.

Perto das cinco da tarde, Norm finalmente desligou o maçarico de solda. O trabalho havia demorado o dia inteiro.

– Bom, foi um serviço grande – disse ao casal. – Mas deu a chance de nos conhecermos, não é?

– É, realmente – respondeu Jim, forçando um sorriso. – E quanto estamos lhe devendo?

Norm pensou por um momento, depois balançou a mão em um gesto casual.

– Ah, não se preocupe com isso. Foi um prazer conhecer vocês, não vou cobrar nada. Mas aquele jogo de 1974 foi uma tremenda partida...

O que Jim e Joyce experimentaram foi de fato uma chance de fazer amigos e influenciar pessoas, e aproveitaram ao máximo. Mesmo não sendo fácil, transformaram um conflito potencial em uma oportunidade de comunicação – não só em termos do que foi dito, mas também do que foi sentido. Como resultado, o conserto do carro não foi simplesmente gratuito. Foi *inesquecível*.

Classe é fazer isso acontecer.

5

Saber ouvir: a principal habilidade da comunicação

De todas as habilidades ligadas à comunicação, ouvir de modo eficaz é a que pode fazer a maior diferença no seu relacionamento com os outros. Mas ouvir não é algo natural para a maioria das pessoas. É necessária certa quantidade de empenho, sobretudo quando você está aprendendo a se tornar um ouvinte eficaz.

Infelizmente, a maioria das pessoas não ouve com atenção. Apenas tentam ficar quietas até chegar sua hora de falar. Talvez seja da natureza humana sentir que você pode entrar em uma conversa e começar a falar, ou pelo menos *querer* fazer isso. Mas essa é uma das muitas áreas em que, para agir com classe, você terá que resistir a impulsos iniciais. Portanto não reaja simplesmente. Controle-se.

Como a capacidade de ouvir bem é algo muito valioso, um número significativo de pesquisas dedicou-se a entendê-la. Inúmeras metáforas e terminologias foram criadas para descrever a capacidade de ouvir. Mas a mensagem central de todos esses sistemas é a mesma: há muito mais em jogo do que a simples compreensão de palavras.

Muitas vezes ouvir bem é algo relacionado tanto com o silêncio quanto com os sons. Os bons ouvintes dão às outras pessoas a chance de ficar quietas, assim como lhes dão a chance de falar. Ouvir, no sentido mais verdadeiro, inclui muitos fatores não verbais e não audíveis, como a linguagem corporal, as expressões faciais, as conjecturas culturais e as reações de quem fala e de quem ouve.

Obviamente a experiência de escutar varia de pessoa para pessoa. Também depende do contexto: quem está falando com quem, qual é o assunto e onde a conversa acontece. Ouvir um policial que fez você parar em um sinal de trânsito é diferente de ouvir sua filha de 8 anos ou seu sogro de 80.

As categorias citadas a seguir descrevem vários níveis de audição: desde a menos atenta até a mais enfática e benéfica. Ao ler sobre elas, pense na relevância de cada uma para sua capacidade de ouvir. Tenha consciência de que, para se tornar inesquecível, você precisa dar toda a atenção quando as pessoas estão falando. Essa é a atitude de classe!

Audição "desligada" (ou realmente não ouvir)

Você fica parado, com uma vaga percepção de que alguém está falando. Isso é praticamente o mesmo que ignorar por completo a pessoa. Às vezes essa audição mínima é o mais adequado a fazer. Se alguém está lhe dando um sermão infinito, decidido a lhe dar lições de moral para satisfação própria, o melhor é ficar ali de corpo presente, mantendo a mente de férias no Havaí. Mas garanta que essa seja uma escolha bem pensada e consciente, e não apenas uma reação mal-educada.

Audição mínima

A audição mínima é basicamente uma via de mão única. Sua participação na forma de linguagem corporal ou reações verbais é quase nula. No entanto, ela difere do devaneio pela existência de ao menos certa quantidade de participação na conversa. Você ouve e responde ao que está sendo dito, mas suas respostas são "pré-fabricadas". Você está dizendo à outra pessoa o que acha que ela quer ouvir para mantê-la confortável. Infelizmente, é assim que costumamos nos relacionar com crianças e pessoas mais velhas. Isso também é comum em situações profissionais, quando um supervisor é chamado para ouvir as preocupações de um empregado insatisfeito. Como ouvinte mínimo, suas intenções são boas mas sua audição ainda está em um nível baixo. Às vezes isso será óbvio para quem fala. Mas, como geralmente a audição mínima acontece quando há uma disparidade significativa entre as idades cronológicas (ou entre as hierarquias em ambientes corporativos) das partes envolvidas, em geral quem fala não externa seu desapontamento claramente. Mas por dentro a pessoa pensa: "*Por favor*, será que dá para você prestar um pouco de atenção no que estou dizendo?"

"Estou escutando você – mas só estou interessado em mim"

Esse é provavelmente o nível mais comum de audição entre pessoas que não são parentes, colegas antigos ou amigos íntimos. Nesse caso, você tem um interesse e talvez alguma flexibilidade com relação às palavras ditas e às suas reações a elas. Mas, como não está pensando objetiva e exclusivamente no que é dito, coloca sua interpretação no que ouve – fazendo as palavras se encaixarem onde você deseja ou espera que se encaixem. Essa é uma variedade de audição projetiva como a que mencionamos há pouco, mas você normalmente só se dará conta de que a está praticando se alguém lhe indicar isso. Esse tipo de audição é arriscado. Pode deixar você com uma interpretação equivocada quanto a fatos e sentimentos. Você está ouvindo e absorvendo informações, mas, como tem um ponto de vista firmemente oposto ou diferente, não está preparado para abrir a porta a mudanças. Você ouve as palavras de quem fala usando o filtro de suas crenças preconcebidas. Por vezes isso o levará a concordar de forma preventiva com quem fala; por outras, pode fazer com que você discorde de antemão do seu interlocutor. Em geral isso se expressa como um desejo de contar sua história – que provavelmente é *muito* melhor, não é? – na primeira oportunidade que apareça. Quando você toma consciência dessa tendência, é incrível a frequência com que a vê acontecendo – seja com você ou praticada por você.

Audição do tipo "só os fatos"

Especialmente entre os homens, a comunicação interpessoal pode assumir a forma de uma troca de informações pura e simples. Para as mulheres, um objetivo fundamental de qualquer conversa amigável é a construção de comunicação e conexão emocional. Essas expectativas diferentes podem levar a desentendimentos frequentes. "Só os fatos" é algo bom quando o objetivo da comunicação é meramente distinguir uma coisa de outra, mas é inadequado para abordar sentimentos e motivações. No entanto, conectar-se com sentimentos e motivações costuma ser parte essencial daquilo que leva as pessoas a querer falar com as outras: as circunstâncias que estão por baixo das palavras ou dos sons superficiais. Esse tipo de audição pode vencer uma batalha e perder uma guerra; pode ser uma tática eficaz a curto prazo, mas não é uma boa estratégia de longo prazo.

Audição empática

Essa modalidade de audição aproxima o ouvinte da conquista do pacote completo: ela inclui sensibilidade às palavras, entonações, linguagem corporal e expressões faciais. Também inclui fazer comentários, o que exige que você tenha um reconhecimento geral de como a outra pessoa está se sentindo. Você pode *ver* e *sentir* a situação pelo ponto de vista do outro. Mostra franqueza e honestidade ao expressar a discordância, mas ao mesmo tempo busca uma compreensão genuína.

Audição aprimorada

Mais ainda do que a audição empática, essa modalidade inclui um componente orientado para a ação. Você não só ouve o que está sendo dito, mas o modo como ouve conduz naturalmente quem fala a uma mudança positiva. Você pode até mesmo se oferecer para agir em favor de quem fala – isto não implica que esteja tomando decisões pela outra pessoa. A audição aprimorada tem como característica ajudar a pessoa a entender as opções que ela tem. Mais do que qualquer um dos níveis descritos aqui anteriormente, na audição aprimorada o foco são os interesses do seu interlocutor.

Alguns erros comuns

Quando ocorrem mal-entendidos, em especial no trabalho, frequentemente os problemas são atribuídos a quem fala. Acreditamos que é responsabilidade de quem fala transmitir a mensagem com clareza. Mas e o ouvinte? Aqui há um equívoco básico: consideramos que falar é uma habilidade, sem perceber que ouvir também é uma habilidade que pode ser aprendida e aperfeiçoada.

Para ver como isso pode acontecer, começaremos com uma visão geral de alguns erros comuns cometidos pelos ouvintes. Depois apresentaremos algumas ferramentas práticas – não somente para eliminar os erros, mas para tornar sua audição a mais eficaz possível.

Saiba que as características discutidas a seguir não são inerentemente boas ou más. Às vezes elas são "exatamente o que o médico receitou". Mas, como acontece com todos os comportamentos interpessoais, a solução é fazer escolhas conscientes com entendimento completo do efeito dessas escolhas.

Ensaiar. Isso acontece quando sua atenção não está no que você ouve, e sim no que você pretende dizer assim que tiver uma abertura. Você pode parecer interessado, mas na verdade seus pensamentos estão no que vai dizer em seguida. Algumas pessoas chegam a planejar toda uma sequência de diálogo: "Vou dizer isso... aí ela vai dizer aquilo... e aí eu vou dizer..."

Avaliar. Se você prejulga a pessoa que fala como incompetente ou desinteressante, pode estar correto – mas também pode estar criando nela as próprias características que você critica.

Bancar o "cartola". Esse termo, cunhado pelo talentoso Zig Ziglar, refere-se à tendência de pegar tudo que você ouve e relacionar com sua experiência – que, claro, é muito mais interessante do que a da pessoa que fala. A pessoa fala sobre um peixe que ela pegou e você começa uma história de como pegou um peixe maior ainda. A maioria das pessoas que bancam o cartola mal consegue esperar que a pessoa termine a fala.

"Dono da verdade". Você é o grande solucionador de problemas. Não precisa ouvir mais do que algumas frases antes de começar a revelar sua sabedoria e suas ideias. Mas o que você sabe é congruente com o que está ouvindo? Poucos "donos da verdade" realmente se importam com os outros.

Procurar a culpa. Você discorda do outro só porque acha divertido discordar e acha que pode ficar numa boa. Em consequência, fará tudo que estiver ao seu alcance para evitar parecer errado.

Apaziguar. É o oposto de procurar a culpa, mas na verdade é apenas outro modo de se desligar. Não importando o que a pessoa diz, você dá uma resposta ligeiramente positiva só para não se conectar de verdade. "Certo... sem dúvida... eu sei... incrível... espantoso... É mesmo?"

Descarrilar. Significa mudar subitamente de assunto. Como acontece com outros erros de audição, costuma ser cometido por pessoas que estão em uma posição de poder com relação a quem fala.

Ferramentas para ouvir

Ouvir com eficácia pode ser a ferramenta de comunicação mais fundamental e poderosa. Quando alguém se dispõe a parar de falar ou pensar e começa de fato a ouvir os outros, todas as interações ficam mais fáceis e os problemas de comunicação são praticamente eliminados.

Existem muitas ferramentas e técnicas para a audição eficaz. Mas, como acontece com qualquer ferramenta, elas só são eficazes se usadas do modo correto. Os ouvintes hábeis sabem como reagir à pessoa que fala e à situação. Os ouvintes pouco hábeis criam incompatibilidades. Eles podem tentar usar as mesmas ferramentas de um bom ouvinte, mas a aplicação delas está fora de sincronia com as circunstâncias.

A seguir há uma seleção de ferramentas para a boa audição e para a boa comunicação em geral. Ao ler sobre cada uma delas, pense não só nas ferramentas propriamente ditas, mas também em situações específicas que você já enfrentou e em que elas poderiam ter sido bastante úteis.

Faça com que a audição seja uma escolha consciente, e não um reflexo passivo. Se você não está preparado para dar tanta atenção ao ser humano sentado à sua frente quanto dá à tela do seu computador ou celular, tenha consciência disso. Diga com educação: "Esta realmente não é uma hora boa para conversar." E sugira uma alternativa. Se você fizer a opção de ouvir, respeite essa decisão e ouça da melhor forma.

Deixe suas expectativas de lado. Ouvir de fato uma pessoa implica escutar o que está sendo dito, e não filtrar a fala através do que você espera escutar. Você não tentaria ouvir uma pessoa em meio às distrações de um circo ou de um rodeio. Do mesmo modo, não deixe que suas distrações interiores – que podem ser muito mais envolventes – impeçam que você dedique atenção plena a ouvir o outro.

Faça perguntas. Para cada informação que você der sobre si mesmo é boa ideia fazer três perguntas sobre a pessoa que está falando. Isso é especialmente verdadeiro quando você está em uma posição de autoridade – por exemplo, se é um gerente ouvindo as preocupações de alguém da equipe. Assim que tiver consciência desse princípio, você verá com que raridade ele é praticado. É uma rara expressão de classe.

Olhe nos olhos. Sua compreensão do que está sendo dito é afetada fortemente pelo que você vê, tanto quanto pelo que ouve. Além disso, evitar o contato visual com alguém que fala emite uma mensagem negativa ou mesmo hostil. Não deixe que isso aconteça.

Preste atenção... e continue prestando atenção. Com frequência as pessoas param de ouvir antes de escutar a mensagem inteira. Às vezes quem fala hesita em revelar o que está de fato em sua mente até que a conversa esteja bem encaminhada. Tenha certeza de não se desligar cedo demais. É uma boa ideia resumir de vez em quando o que você escutou, para testar seu entendimento.

No fim das contas, o segredo da audição eficaz é apenas respeito básico pela outra pessoa. *Você está escutando, e não julgando. Desde que você não esteja julgando, as pessoas estarão dispostas a falar com sinceridade. E não falar com sinceridade é o mesmo que simplesmente não falar.*

Se o que você ouve o afeta emocionalmente, assuma o controle das suas reações. Permanecer controlado mesmo quando sente que está sob pressão é uma poderosa expressão de classe verdadeira. Isso é especialmente importante quando as pessoas comunicam algo pessoal ou doloroso. Respeito é diferente de simplesmente sentir pena de alguém: exige uma real compreensão dos sentimentos do outro. Quando isso acontece, estabelece-se o alicerce para que você possa compartilhar seu ponto de vista.

6

Princípio apaixonado

NA DÉCADA DE 1990, QUANDO O BOOM das empresas on-line estava no auge, parecia não haver limite para o que podia ser feito – ou quanto dinheiro poderia ser ganho – se você tivesse coragem. E algumas pessoas tiveram muita coragem. Tempos depois houve o mesmo sentimento com relação aos imóveis, que pareciam destinados a subir de preço para sempre. Mas "para sempre" acabou sendo um tempo pouco realista.

O que aconteceu? Se as pessoas eram inteligentes a ponto de administrar empresas enormes, como puderam cometer tantos erros que as levaram ao fracasso? Ocorre que algumas dessas pessoas não eram burras, eram apenas gananciosas e agiram deixando a ética de lado. O que aconteceu – e por quê – é no entanto menos importante do que o que pode ser feito para impedir que esse tipo de coisa se repita no futuro, especialmente porque ela provoca efeitos na sua vida e na sua carreira.

Essas histórias servem de ponto de partida para avaliarmos diversas questões relativas à ética e aos princípios morais. A maioria das empresas não se vê envolvida em grandes escândalos porque eles, em geral, estão ligados a operações ilegais. Mas a verdade é que os pequenos atos antiéticos costumam ser frequentes e igualmente prejudiciais. Ações cotidianas aparentemente insignificantes representam a maior parte dos problemas éticos – e a maior oportunidade para melhorias.

Você pode esquecer as pequenas coisas que faz, mas elas podem ter um impacto significativo nos que estão ao seu redor, positiva ou negativamente. Elas podem determinar se você é visto como uma pessoa inesquecível ou como algo totalmente diferente disso. Você está sempre dando exemplo, queira ou não. Então que mensagens está passando com seus atos, palavras e atitudes? Pergunte-se, por exemplo, se já fez alguma das seguintes coisas:

- Realizou negócios pessoais no horário de trabalho?
- Usou ou tomou recursos da empresa com objetivos próprios?
- Disse que estava doente para não trabalhar quando não estava?
- Usou uma palavra racialmente ofensiva quando se referia a outra pessoa?
- Contou alguma piada racista ou sexista?
- Fez fofoca ou espalhou boatos sobre alguém?
- Falou mal da empresa ou de alguém que faz parte dela para os colegas de trabalho?
- Repassou informações confidenciais?
- Deixou de admitir ou corrigir um erro que cometeu?
- Violou intencionalmente regras ou procedimentos da empresa?
- Deixou de executar algo que se comprometeu a fazer?
- Reteve informações necessárias para outras pessoas?
- Maquiou uma planilha, uma fatura ou uma prestação de contas?
- Entregou conscientemente produtos ou serviços de segunda linha?
- Foi pouco honesto durante uma venda?
- Aceitou um presente ou uma gratificação inadequada?
- Recebeu ou aceitou crédito por algo que outra pessoa fez?
- Conscientemente deixou que outra pessoa cometesse um erro e sofresse as consequências?

É uma lista bastante longa! Mas essas e outras ações aparentemente sem importância refletem quem você é e o que você representa. Quando se trata de ética e integridade, tudo é importante – especialmente as "pequenas coisas".

Ética é atrair atenção

Dov Seidman é autor de um livro com título provocador: *Como: Por que o COMO fazer algo significa tudo... nos negócios (e na vida)*. Como Seidman explica em seu site – howsmatter.com –, a tese do livro é a de que o sucesso não se mede mais pelo que fazemos ou por quanto dinheiro ganhamos fazendo isso. Os meios pelos quais obtemos resultados são indissociáveis do valor dos próprios resultados.

Certamente isso sempre foi verdadeiro; a ideia de que os fins não podem ser separados dos meios não é nova. Mas Seidman sente que a revolução nas comunicações e na alta tecnologia mudou o jogo. Ficou muito mais difícil para um indivíduo ou uma empresa manter uma vantagem competitiva baseada simplesmente em um produto ou serviço. A tecnologia tornou fácil clonar ou melhorar qualquer coisa oferecida no mercado. Como consequência, os relacionamentos e a reputação estão se tornando muito mais importantes.

Como diz Seidman:

> *Em um mundo conectado, os indivíduos e as organizações que criam as conexões mais fortes vencem. No passado nossos produtos e serviços – nossos "o quê" – eram a chave do sucesso. Hoje, o "o quê" se transformou em produto, facilmente duplicado ou recriado a partir de engenharia reversa. A superioridade sustentável e o sucesso duradouro – tanto para as empresas quanto para quem trabalha nelas – está no âmbito do "como".*
>
> *Hoje o modo como nos comportamos e interagimos com os outros é o diferencial definitivo. As qualidades que a maioria das pessoas já considerou "soft" – integridade, paixão, humildade e verdade – se transformaram na moeda "hard" do sucesso empresarial e nos maiores impulsionadores da reputação e da lucratividade.*

Ética situacional

Vejamos algumas situações que podem surgir. Use a imaginação para se colocar na situação que descreverei, depois escolha uma das cinco soluções hipotéticas. Você provavelmente vai reconhecer de imediato a opção eticamente correta, mas seja honesto consigo mesmo com relação ao caminho que realmente seguiria. Se não for o mais ético, não se censure, use essa informação como uma placa indicando a direção em que realmente precisa ir.

Aqui vai a primeira situação.

Uma grande organização sem fins lucrativos está pensando em fazer uma doação para escolas que atendem crianças com necessidades especiais. Você foi contratado para avaliar as finanças da escola.

A maior parte das famílias das crianças está em condições de receber ajuda financeira do Estado. Você suspeita que algumas famílias estão declarando uma renda menor para poder receber mais ajuda. Sua investigação mostra que uma família está de fato declarando renda inferior à real. Como consequência dessa irregularidade, o pacote de ajuda para a criança em questão foi aumentado em quase 50%.

Você sabe que a criança dessa família não teria como utilizar os serviços da escola sem alguma ajuda financeira. Também sabe que a criança está se beneficiando física e psicologicamente dos serviços que recebe.

O que você faria? Não faria nada – porque o bem-estar da criança suplanta a necessidade de a escola saber a verdade sobre os rendimentos da família, que ainda seriam pequenos, mesmo se fossem informados corretamente? Além disso, tecnicamente é responsabilidade do Estado verificar os rendimentos para prestar a ajuda financeira.

Você conversaria com o administrador da escola sobre a situação? Na verdade você tem motivos para suspeitar que o administrador já saiba disso. Será que expor o assunto colocaria o administrador em uma situação perigosa juntamente com a família?

Ou você contrataria um advogado ou informaria uma agência reguladora com base na sua suspeita de fraude?

Pense por um momento. Lembre-se de que isso é apenas um exercício. Você não receberá uma nota pela resposta. Só tente ser honesto com relação à opção que escolheria.

Aqui vai a próxima situação hipotética.

Como gerente do departamento de marketing da sua empresa, você tem bom desempenho técnico no uso dos computadores e da internet. O presidente da empresa acredita que alguns empregados estão passando tempo demais on-line, fazendo coisas não relacionadas ao trabalho. Ele pede que você comece a monitorar o uso da internet por parte dos outros sem que eles saibam. Você poderia fazer isso facilmente segundo um ponto de vista tecnológico, mas não está seguro quanto ao que seria correto nesse caso.

O que você faria?

Começaria a monitorar os e-mails e o uso da internet por parte dos empregados, como o presidente pediu?

Primeiro você sugeriria ao presidente o desenvolvimento e a distribuição de uma política de uso da internet aceitável em toda a empresa?

Ou falaria informalmente com alguns colegas sobre as preocupações do presidente?

E agora vamos ao terceiro caso.

Você faz pós-graduação em uma universidade importante, buscando um Ph.D. em química. Alguns dados que obteve com as experiências sustentam a teoria que você está tentando provar – e outros fazem o oposto.

Sua ficha acadêmica exige que você publique em uma revista científica um documento baseado na pesquisa realizada. Se você escrever e publicar o documento concentrando-se apenas nos dados que comprovam a sua tese, estará a caminho de garantir o diploma de doutorado. Além disso, poderá obter verbas adicionais.

Por outro lado, se publicar um documento enfatizando todos os dados – tanto os positivos quanto os negativos –, estará correndo um grande risco. A organização que paga pela sua pesquisa pode ficar desapontada e cortar suas verbas.

Você escreveria e publicaria um documento mostrando todos os dados?

Escreveria um documento mostrando apenas os dados que apoiam sua pesquisa?

Ou reestruturaria seu projeto de pesquisa desde o início, baseado nas novas informações que obteve?

Vamos ao próximo caso.

Você é assistente em uma empresa de projetos gráficos. No seu trabalho, supervisiona a criação de relatórios anuais e outros documentos. Em geral você escreve os documentos, colabora com um designer gráfico para fazer o layout e trabalha com uma gráfica terceirizada para imprimir os documentos em grande quantidade.

Quando seu último exemplar está para chegar da gráfica, você vê um erro em um cabeçalho da terceira página.

Você mostraria o erro ao seu supervisor, mesmo sendo um erro relativamente pequeno e que provavelmente não terá qualquer impacto na mensagem geral que a publicação está tentando comunicar?

Ou, pensando em poupar dinheiro e tempo, você seguiria em frente com o processo e distribuiria todas as cópias do relatório sem consertar o erro?

Ou falaria com o designer, que provavelmente deveria ter percebido o erro durante a produção, e perguntaria o que deu errado e por quê? Você estaria preparado para contar ao supervisor sobre o erro do designer caso o supervisor perguntasse?

E ainda uma última situação.

Você está se candidatando a um novo emprego como editor sênior em uma revista importante. No momento trabalha como redator em outra publicação, mas, em função de demissões, vem realizando muitas tarefas editoriais há quase um ano. Você quer que seu currículo seja levado a sério para o novo cargo.

Como você se descreveria no seu currículo?

Usaria o título *editor* porque vem realizando as tarefas editoriais ao longo de pelo menos um ano e não deixar isso claro seria deixar de se dar um crédito merecido e verdadeiro?

Ou usaria no currículo seu título oficial de *redator*, mesmo que isso não reflita de modo preciso as tarefas que você realiza atualmente?

Ou inventaria um novo título que descreva melhor o que você faz cotidianamente? Não seria o seu título oficial, mas transmitiria a mensagem que você deseja passar.

As situações que acabamos de examinar não sairiam nas manchetes dos jornais e não seriam informadas no noticiário do horário nobre. Mas são problemas éticos do tipo que as pessoas enfrentam todos os dias. São o tipo de pergunta que você precisa responder para ser um líder ético e um ser humano com princípios.

Alguém pode propor uma ação que você acredita não ser ética. Esse alguém pode estar acima de você na hierarquia da empresa. Como você reagiria? Concordaria para não se prejudicar – ou, melhor ainda, concordaria para se dar bem?

É exatamente isso que muitas pessoas fazem. Algumas *se dão bem*. Algumas também perdem o emprego ou até mesmo são presas. Assim, lute contra a tentação de comprometer sua ética. Posicione-se. Se "apenas dizer não" parece uma coisa simplista, aprenda a "dizer 'não' com tato".

Especificamente, não acuse a outra pessoa de ser desprovida de ética. Em vez disso, descreva seus sentimentos. Mesmo se achar que o que foi proposto é totalmente ultrajante, mostre sua preocupação sem acusar nem julgar. Concentre-se no *eu*, e não no *você*.

- *Tenho preocupações sérias com relação a isso.*
- *Honestamente acredito que isso está errado.*
- *Eu não consigo fazer algo que me parece incorreto.*

Então proponha alternativas:

- *Acho que sei o que você quer fazer, e penso que há um modo melhor.*
- *Que tal se tentarmos o seguinte?*
- *Veja como conseguiremos a mesma coisa de modo muito mais simples.*

Enfrentar questões de princípios é um dos aspectos mais importantes da sua carreira. É uma habilidade, assim como participar de entrevistas de trabalho ou negociar um aumento.

Imagem não é realidade

Ser uma pessoa inesquecivelmente ética não é apenas questão de incrementar uma imagem. Causar impressão sem antes estabelecer uma firme base de princípios é o equivalente a usar Band-Aids quando você precisa de aspirina. É lidar com os sintomas e não cuidar da sua saúde geral.

A base para agir com princípios está em como você se sente com relação a si mesmo. A pessoa ética tem uma voz interior que diz: "Não sou do tipo de pessoa que faz esse tipo de coisa." O princípio apaixonado é ameaçador demais para a maioria de nós compartilharmos até que tenhamos um alto nível de conforto com nossa identidade. Você não pode esperar que as pessoas o aceitem como exemplo de princípio apaixonado se não se aceitar desse modo.

As discrepâncias entre suas palavras e suas crenças interiores se revelam de muitos modos diferentes. A menos que seu conceito sobre si mesmo seja sólido, "você não pode enganar todas as pessoas o tempo todo". Então por que tentar? Em vez disso, invista em estabelecer um forte princípio apaixonado e uma identidade inesquecível.

O sentimento de princípio pode ser alimentado de várias maneiras. Uma ferramenta para revitalizar seu sentimento de autoestima ética é olhar suas realizações passadas. Seja específico com relação a isso. Pense em três realizações profissionais e em três realizações pessoais das quais você sente orgulho genuíno. À luz dessas realizações, que traços, pontos fortes e características você possui? Que tipo de pessoa elas revelam que você é? Não é simplesmente contar vantagem. Sentir orgulho do que você fez pode impedir ações que viriam a envergonhá-lo algum dia.

Eleanor Roosevelt afirmou: "Ninguém pode fazer você se sentir inferior sem sua permissão." Muitos de nós, até os mais bem-sucedidos financeiramente, carregam uma bagagem mental cheia de mensagens negativas com relação a si mesmos. Elas podem ter se originado com os pais, com professores, chefes, colegas ou mesmo na nossa imaginação. Mas sempre temos a capacidade de reestruturar essas mensagens e escolher conscientemente as crenças positivas.

Às vezes os outros nos dão imagens positivas de nós mesmos. Agarre-se a essas pessoas! Talvez você queira começar com um fichário ou caderno para coletar reconhecimentos, bilhetes de agradecimento, boas resenhas, avaliações positivas e outras provas tangíveis de sua capacidade. Enquanto estiver compilando essas mensagens positivas, aproveite para identificar crenças negativas que possam estar prejudicando sua autopercepção.

Aqui vai uma sugestão: anote quatro autocríticas ou crenças negativas que possam estar afetando você. Depois ajuste esses pontos negativos para refletir uma visão mais positiva de você mesmo ou da situação. Baseie sua visão, nova e positiva, em provas concretas.

Por exemplo, você pode ter uma crença negativa de que é uma pessoa desorganizada. Na verdade você pode ser muito organizado e apenas estar com tarefas demais para realizar. Por isso talvez possa escrever algo assim: "Na semana passada, além das minhas outras responsabilidades, planejei a implementação de um novo software. Coordenei uma reunião, revisei 12 documentos e dei 53 telefonemas. É preciso ser muito organizado para coordenar tudo isso!"

Como escreveu Debra Benton em seu livro *Lions Don't Need to Roar* (Os leões não precisam rugir): "A vida é uma série de relacionamentos e os negócios são uma série de relacionamentos que envolvem dinheiro." Nos negócios e na vida somos constantemente desafiados a trabalhar com outras pessoas e através de outras pessoas. Mas pode ser difícil trabalhar com os outros sob a interferência de opiniões negativas que você tem sobre si mesmo.

É tentador pensar que as pessoas que agem de modo antiético são diferentes de nós. Mas pesquisas mostram que não é assim. Cada um de nós está constantemente fazendo uma avaliação de riscos e recompensas potenciais em todas as áreas da vida. Quando as pessoas sentem que não têm nada a perder, às vezes ultrapassam limites éticos ou legais. Do mesmo modo, as pessoas que sentem que têm muito a perder frequentemente fazem a mesma escolha.

O que importa de verdade?

Em termos éticos, a única coisa que você não pode se dar ao luxo de perder é a reputação que possui aos olhos das pessoas ao redor – e o paradoxo é que essa reputação decorre principalmente de sua visão sobre si mesmo. Por isso, enxergar-se como pessoa ética, de classe, é mais do que uma recompensa pelo que você fez. Também é uma proteção contra o que você poderia fazer de outra forma. Mais do que o saldo da sua conta bancária, a ética tem uma influência em como você se sente com relação a si mesmo. Você precisa e merece desfrutar ao máximo do seu sucesso. Isso não pode acontecer se você sabe que saiu dos trilhos ao longo do caminho. Há um velho ditado muito útil: "Se você não se coloca firmemente com relação a alguma coisa, acabará sendo derrubado por qualquer coisa." Para ser uma pessoa inesquecível, em primeiro lugar posicione-se com relação a si mesmo. Enxergue-se como uma criação que você não pode colocar em risco. Ao fazer isso, também verá que o princípio apaixonado se baseia no foco positivo em você mesmo. Você não ficará tentado a fazer coisas por dinheiro ou poder, porque sabe que já é rico.

Os limites da lei

Nos Estados Unidos ficou claro como os americanos reagiram à questão da ética empresarial: estão escrevendo mais leis. Estão aprovando mais estatutos criminais com penas mais duras. Em um discurso em Wall Street, por exemplo, o ex-presidente George W. Bush propôs uma vez dobrar as penas de prisão por fraude postal, fraude eletrônica e obstrução da justiça.

Reforçar as leis é compreensível – mas também é improvável que isso resolva os problemas éticos da vida corporativa. O motivo é que as leis criminais fazem as pessoas se concentrarem no que é legal, e não no que é certo. Há cinquenta anos a definição criminal de fraude era constituída por um punhado de estatutos e cobria um terreno espantosamente pequeno. Em uma empresa de capital aberto, por exemplo, buscar o interesse próprio e não o dos acionistas não era crime. Claro que isso era considerado errado, mas não era motivo de processo.

Se um acionista perdesse dinheiro devido a atitudes antiéticas de um CEO, o acionista certamente poderia ficar com raiva, mas o princípio de que "o comprador é que deveria ter cuidado" também era consensual. Você sabia, ou deveria saber, que a pessoa em quem estava investindo podia ser um trapaceiro. Você corria o risco e eventualmente sofria as consequências. Esse podia não ser um bom modo de olhar a coisa, mas era assim.

Hoje o quadro é muito diferente. O código criminal federal dos Estados Unidos inclui mais de trezentos estatutos sobre fraude e falsas declarações. A maioria deles vai muito além do que a lei cobria antes. Com todas essas leis criminais, o país já deveria ter alcançado um alto nível de honestidade corporativa. Muitos acontecimentos sugerem o contrário. Talvez seja porque os norte-americanos transformaram o que eram questões morais em questões técnicas. No mundo atual é mais provável os executivos perguntarem como podem se livrar dentro da legalidade do que se preocuparem com o que é justo e honesto.

O resultado é que os malfeitores corporativos escapam da punição porque encontram maneiras criativas de se desviar da lei. Os executivos honestos, em vez de se concentrarem em realizar seu trabalho de modo honroso, acabam fazendo os mesmos jogos legais dos executivos desonestos. Essa é a consequência natural de contar demais com a lei criminal e muito pouco com a regulação civil e, especialmente, com as normas morais.

Outro problema relacionado é que os crimes de colarinho branco que vão a julgamento quase sempre se concentram em comportamentos que estão no limite entre o legal e o ilegal. Em geral os réus assumem a culpa antes do julgamento quando violaram claramente a lei, e em geral os promotores não acusam os réus que eles não podem condenar. À medida que mais leis criminais cobrirem violações técnicas, mais desses julgamentos de crimes de colarinho branco lidarão com questões técnicas. O resultado pode ser trivializar o crime corporativo e solapar o respeito pela lei em geral. A palavra *errado* perde o impacto. Expandir as leis sobre fraudes e crimes pode ser algo fácil de vender politicamente, mas não é solução. Podemos acabar com penalidades mais duras, mas não obteremos comportamentos com mais princípios.

Ética e lucro

Se falar sobre princípios começa a parecer um sermão, vamos esclarecer um ponto: o objetivo deste capítulo não é fazer pregação. Ética não é apenas uma questão de moralidade. Ela também tem um impacto direto nos lucros e nos prejuízos. Alguém pode imaginar desastres financeiros maiores do que os da Enron ou da WorldCom? Centenas de milhões de dólares foram perdidos – não somente pelas partes culpadas, mas também por investidores e ex-empregados.

Se você acha que os problemas éticos só acontecem em outros lugares, e não na sua empresa, talvez esteja certo. Mas também pode estar errado. Um estudo recente descobriu que 43% das pessoas pesquisadas acreditavam que seus supervisores não eram bons exemplos de integridade. A mesma porcentagem se sentia pressionada a comprometer a ética da organização no trabalho. Em outras palavras, quatro em cada dez pessoas pesquisadas acreditavam que sua empresa poderia se transformar em mais um escândalo. Esse escândalo poderia não chegar às primeiras páginas dos jornais, mas a tragédia seria igualmente verdadeira.

Praticar uma boa ética empresarial cria dividendos que vão além de evitar o desastre jurídico. Os empregados que percebem que sua empresa tem consciência possuem maior nível de satisfação no trabalho e se sentem mais valorizados. Estudos descobriram que os esforços para instilar a boa ética empresarial são bem-vindos pela força de trabalho. O melhor modo de os administradores instilarem essa ética é dando bons exemplos.

Eis como isso funciona no mundo real. Em 1991, um grande escândalo levou a Salomon Brothers, uma importante companhia de seguros, à beira da falência. Warren Buffett, o investidor bilionário, foi trazido como CEO interino. Uma das primeiras ações de Buffett foi escrever uma carta para os gerentes de toda a empresa. A carta dava o número de telefone de sua casa e insistia que qualquer um deveria ligar caso identificasse qualquer prática antiética em andamento. E as pessoas realmente ligaram. Em pouco tempo foi criado um plano coletivo para reabilitar a reputação da Salomon.

Como você se posiciona?

À medida que nos aproximamos do fim deste capítulo, pense um pouco em seu comportamento. Sinta-se livre para se parabenizar pelo que já faz do modo certo – e renove o compromisso em continuar nesse caminho. Ao mesmo tempo, observe pontos em que você precisa trabalhar... as áreas em que tem mais oportunidades de fazer melhorias éticas. Assim que as tiver identificado, comece a consertá-las e a acompanhar seu progresso. Um bom modo de começar é estabelecendo uma seção de "o que e quando" em sua agenda ou em um caderno. Registre cada compromisso que você estabelecer: isto é, o que você disse que faria e quando disse que iria fazer. Verifique a lista diariamente, como lembrete.

Outra ideia: a menos que isso envolva informações estratégicas e confidenciais da empresa, faça seu trabalho de modo que nada seja escondido das pessoas em volta. Se você se sente confortável em deixar evidentes suas ações e decisões, é provável que esteja atuando de modo ético. Isso também estabelecerá um exemplo para os colegas de trabalho. O sigilo é contagioso, mas a transparência também é.

Ao determinar o modo como irá abordar tarefas ou tomar decisões, pergunte-se: "Como posso fazer isso de uma maneira compatível e congruente com a missão, os valores e os princípios empresariais da organização?" Faça com que essa ressalva seja uma parte regular do seu vocabulário de planejamento de ação.

Por último, esteja atento a quatro entraves comuns para o princípio apaixonado:

- *Primeiro: cobiça – o impulso de adquirir poder ou ganho material somente para você.*
- *Segundo: velocidade – o impulso de cortar caminho como reação ao ritmo dos negócios atuais.*
- *Terceiro: preguiça – pegar o caminho do menor esforço e da menor resistência.*
- *Quarto, e mais perigoso: turvação – agir ou* reagir *sem pensar.*

Esses são os fatores primários que levam ao comportamento antiético. Todos são tentações que precisam ser reconhecidas e superadas.

Por fim, quando se trata de ética empresarial, que atividades, funções, decisões e comportamentos são de fato importantes? A resposta é: todos! Quando está certo ser antiético? A resposta é: nunca! Quais são os elementos do seu trabalho em que a justiça, a honestidade, o respeito e "fazer a coisa certa" não se aplicam? Esses elementos não existem!

Você será capaz de viver à altura desse padrão? Isso exige classe verdadeira. Exige um senso de princípio apaixonado. Mas, se você conseguir fazer isso, irá se tornar inesquecível para todas as pessoas que encontrar – e este livro é exatamente sobre isso.

7

Classe e confiança

No CAPÍTULO 6 DISCUTIMOS o comportamento ético e vimos que as pessoas que não sentem admiração por si mesmas têm muito mais probabilidade de realizar atos pouco admiráveis. Mais do que isso: elas definitivamente irão se sentir ainda menos admiráveis caso precisem prestar contas do que fizeram.

Agora vamos examinar mais de perto a autoestima e veremos que ela pode existir de diversas formas. Surpreendentemente, nem todas são positivas. Mais importante, vamos examinar a *confiança* como expressão-chave da autoestima no mundo cotidiano, especialmente em situações empresariais.

Por que a confiança é tão importante? Bom, quando você não tem confiança em si mesmo, os outros provavelmente também não terão. De modo razoável, eles acham que você sabe mais sobre si mesmo do que eles. Assim, se você é duro consigo mesmo, os outros provavelmente também serão. Mas, pelo mesmo motivo, quando você projeta um ar de confiança, os outros se sentem bem em relação a você. Querem se conectar com você como profissional e talvez também como amigo. Seu trabalho é simplesmente facilitar isso ao máximo!

Vamos examinar a confiança a partir de três perspectivas diferentes. Primeiramente identificaremos alguns fatores que levam à baixa autoconfiança. Veremos como esses fatores podem servir como influência negativa mesmo estando completamente fora da sua percepção consciente, às vezes por muitos anos. Depois vamos apresentar algumas poderosas ferramentas mentais e emocionais para contrapor e substituir a negatividade. Por fim, vamos oferecer algumas técnicas interpessoais que você pode usar sempre que precisar sentir-se confiante. Resumindo: aqui no capítulo 7 começaremos a passar dos princípios para as questões práticas. Você será uma pessoa inesquecível quando tiver essas duas coisas à disposição.

A verdade sobre a autoconfiança

Vamos desde já esclarecer um equívoco básico sobre a confiança. Trata-se de algo que leva as pessoas a interpretar os atos dos outros de maneira errada e que faz com que elas próprias ajam de modo inadequado. Para esclarecer esse equívoco, precisamos fazer uma distinção entre duas palavras-chave.

A primeira é a própria palavra *confiança*, assunto deste capítulo. Vamos desenvolver uma definição de confiança à medida que progredirmos no tema.

A segunda palavra-chave é *grandiosidade*, que no mundo de hoje é repetidamente confundida com a verdadeira confiança. Simplesmente aprender a diferença entre confiança e grandiosidade é um passo importante para se tornar uma pessoa realmente inesquecível. Assim, preste bastante atenção no seguinte:

Sean e Michael trabalhavam juntos como corretores de títulos em um grande banco de investimento. Às vezes havia muita pressão. Apesar de trabalharem lado a lado durante vários anos, Sean e Michael nunca haviam conversado de verdade – até que um dia descobriram que ambos planejavam correr uma maratona que aconteceria daí a alguns meses. Nenhum deles havia corrido uma maratona antes, de modo que talvez pudessem treinar juntos. Mas Sean achava que não precisava treinar para a maratona, ao passo que Michael sabia que o treino seria indispensável. Os dois planejaram correr juntos quando a maratona acontecesse.

Quando chegou o dia da maratona, como tinham decidido, eles se encontraram na multidão de corredores alguns minutos antes da partida.

Michael confessou que estava nervoso. Sabia que havia treinado muito, mas agora a ideia de correr 42 quilômetros parecia bastante absurda. Disse a Sean que seu objetivo era apenas fazer o melhor possível e terminar a corrida. Se não conseguisse dessa vez, sempre haveria outra chance. Ninguém poderia prever o que aconteceria. Como disse a Sean:

– Acho que vou descobrir logo.

Sean tinha uma atitude muito diferente com relação à corrida. Só estava se permitindo ter pensamentos totalmente positivos. Não somente se visualizava cruzando a linha de chegada antes de milhares de outros corredores como estava convencido de que terminaria em primeiro lugar. A ideia de Sean era: você pode fazer tudo que achar que pode. Muitos grandes atletas tinham provado que isso era verdade.

Quando a corrida começou, Sean e Michael decidiram ir bem devagar a princípio. Mas depois de alguns quilômetros Sean confessou que estava entediado. Sentia-se meio idiota trotando ao lado de avós e pessoas acima do peso que não tinham chance verdadeira de concluir a prova.

Sean pediu desculpas a Michael e partiu correndo em velocidade.

Como Michael havia esperado, correr uma maratona era realmente difícil. Que ideia! Deveria ter treinado muito mais. Em pouco tempo mal estava correndo e durante alguns minutos simplesmente andava. Mas terminou a maratona.

Michael não ficou surpreso quando não viu Sean no caminho. Achou que ele teria alcançado a linha de chegada muito antes. Mas algo bem diferente havia acontecido. Sean tinha desistido antes de chegar perto do final. Várias coisas infelizes haviam acontecido. Primeiro ele ficou sem energia porque tinha ido muito depressa. Depois, quando foi obrigado a diminuir a velocidade, começou a ser ultrapassado pelas mesmas avós que antes haviam sido motivo de irritação. Foi ultrapassado até mesmo por pessoas que tinham diminuído a velocidade até praticamente caminhar. Isso foi um golpe para o ego de Sean, um golpe que ele não havia previsto.

Sean não tem planos de correr outra maratona. Michael está ansioso por um desempenho melhor na próxima corrida.

Nesses dois corredores a diferença entre grandiosidade e confiança é clara. Confiança não significa certeza de que você terá sucesso. Significa a certeza de que você fará o máximo possível. Além disso, confiança é a capacidade de reconhecer suas limitações sem ficar preocupado com elas. Grandiosidade, por outro lado, é uma supervalorização irreal de quem você é e do que pode fazer. As pessoas grandiosas ignoram a possibilidade de qualquer desfecho que não seja o sucesso. Quando acontecem reveses, são surpreendidas e têm dificuldade para se recuperar.

A autoestima e o empreendedor

Existe algo inerentemente heroico em abrir o próprio negócio. É a aventura de assumir riscos e recusar abrir mão dos sonhos em nome da segurança. Também existem algumas recompensas menos puramente filosóficas para o empreendedorismo. Como seu próprio chefe, por exemplo, você pode estabelecer seu horário. Pode tirar um dia de folga ou até mesmo férias quando quiser. E qualquer lucro do negócio será apenas seu.

Esse é o lado positivo. O lado não tão positivo é a quantidade gigantesca de trabalho necessária para alcançar o sucesso. Pesquisas mostram que a maioria dos empreendedores trabalha muito mais do que o padrão de 40 horas semanais. Assim como você recebe o crédito (e os lucros) por tudo que dá certo, também fica com a culpa (e o prejuízo) por qualquer coisa que der errado. Portanto o empreendedorismo definitivamente não é para os fracos. A vasta maioria dos empreendedores fracassa antes de ter sucesso. Haverá um monte de largadas falsas antes de você atravessar a linha de chegada.

Classe, entre outras coisas, é energia de reserva. É a capacidade de continuar tentando mesmo quando você tentou e fracassou. Também é a capacidade de perceber quando chegou a hora de parar e arriscar outro caminho. Essas duas qualidades são raras, mas a segunda pode ser ainda mais incomum do que a primeira.

Nem todo mundo foi feito para jogar em um time de futebol da primeira divisão. Muitas pessoas cantam no chuveiro ou mesmo em vídeos produzidos por elas mesmas e postados no YouTube, mas apenas uns poucos cantarão na Metropolitan Opera. Pensando nisso, você entrará em uma área turva em que a realidade interior e a exterior irão brigar. Certo, é preciso coragem para continuar treinando lances livres no quintal dos fundos de casa com esperança de jogar basquete profissional. Mas também é preciso coragem para trocar um sonho pouco prático por outro mais viável. "Recuar em outra direção" não é de modo algum o mesmo que render-se. Mais importante, classe significa aprender com os erros. Pode ou não implicar desistir de um determinado empreendimento, mas implica jamais desistir de você mesmo.

Sem culpa

Você não pode alcançar um objetivo que nunca imaginou. Mas vamos repetir: você também deve aceitar que *nem todo sonho* pode ser alcançado. Mas quando faz uma promessa do fundo do coração, especialmente a você mesmo, muitos, muitos objetivos dignos são alcançáveis independentemente das evidências do momento.

A coisa pode acontecer de imediato ou não. Provavelmente não acontecerá logo. Você cometerá erros em seus negócios, em seus relacionamentos e em todas as outras áreas da vida. Os reveses irão acontecer. Alguns serão responsabilidade sua. Em outras ocasiões a culpa pode ser de outra pessoa. Mas culpa e vitimização são dois conceitos a evitar, principalmente porque desperdiçam muito tempo e energia. O ponto de vista ideal é o seguinte: "Se forem necessários cem erros para chegar aonde quero, vamos começar a cometer esses erros. Vamos cometê-los o mais rapidamente possível e reconhecer o que eles são: passos essenciais no caminho do sucesso."

Confiança é saber que você terá sucesso. Se isso não acontecer hoje, acontecerá amanhã. Se não vier com este projeto, virá com o próximo. Confiança é saber que você pode adquirir qualquer habilidade e conhecimento que ainda não possui. É saber que você é capaz de trabalhar duro e com tenacidade para chegar ao destino, por mais distante que seja. É saber que, por mais que aprecie ter uma torcida, você continuaria em frente mesmo se ninguém acreditasse em você. É aí que a confiança se transforma em classe verdadeira.

Pensamento realmente positivo

À medida que prosseguimos com a discussão sobre confiança, lembre que uma pessoa confiante é muito diferente de uma pessoa grandiosa. Não confunda "o poder do pensamento positivo" com o erro de não pensar. Com relação a isso, é irônico que as pessoas exageradamente confiantes e as pessoas com pouca confiança compartilhem o mesmo padrão de pensamento. As de ambos os grupos têm certeza absoluta sobre si mesmas, porém em direções opostas. Algumas pessoas têm certeza de que podem fazer qualquer coisa, outras têm certeza de que não podem fazer nada. A verdadeira confiança não é conhecer o futuro. Não é uma mentalidade rígida que recusa qualquer possibilidade que não seja sucesso completo ou fracasso completo. As pessoas realmente confiantes são abertas às possibilidades inesperadas que certamente irão aparecer.

As pessoas com baixa confiança podem inclusive ficar perturbadas com notícias boas sobre si mesmas. Quando algo indica que elas podem não ser tão inadequadas quanto imaginam, isso pode desestabilizar seriamente sua autoimagem. Groucho Marx disse: "Não quero fazer parte de nenhum clube que me aceite como sócio." Essa é uma expressão perfeita da visão de autossabotagem à qual algumas pessoas se agarram. E pode se tornar uma visão de mundo tão entranhada que deixa de ser uma escolha consciente. Pode se transformar em um reflexo, algo que acontece de modo automático.

Às vezes a rejeição e a crítica podem ser mais fáceis do que uma avaliação positiva. A baixa autoconfiança inclui uma atitude negativa específica com relação ao sucesso. Sempre que você tem sucesso em alguma coisa, considera que foi sorte, acaso ou mesmo algum tipo de equívoco. Se você acha difícil aceitar elogios merecidos ou uma apreciação honesta, há uma boa chance de que essa seja uma zona de conforto da qual precisa sair.

Com relação a aceitar elogios, lembre-se da frase do escritor inglês Samuel Johnson: "O que é dado graciosamente deve ser recebido graciosamente." Confiar que você fez algo bem-feito não significa que você seja egomaníaco. Pelo contrário, a capacidade de aceitar o crédito merecido é um elemento básico da classe genuína.

Reforçando a confiança

Vimos que uma pessoa confiante demais e uma pessoa com pouca confiança têm semelhanças surpreendentes. Ambas têm sistemas de crença inconscientes que precisam ser questionados e reavaliados. Agora vejamos algumas ferramentas físicas e mentais que você pode usar para reforçar a confiança sempre que for necessário.

Por exemplo, suponha que você precise começar a usar um novo software de planilhas que desconhece por completo. Parece uma tarefa completamente estranha e intimidadora. Assim, antes de começar a estudar o novo programa, faça o seguinte: pense em uma ocasião em que você fez uma coisa nova pela primeira vez. De preferência algo que pareceu pelo menos tão intimidador quanto o que você está enfrentando agora.

Que tal a primeira vez que andou de bicicleta? A simples ideia parecia contradizer as leis da gravidade. Como você conseguiria se equilibrar naquelas duas rodas finas? Talvez tenha caído algumas vezes, mas, assim que aprendeu, andar de bicicleta ficou parecendo algo perfeitamente natural. Parecia acontecer por si mesmo, sem que você sequer pensasse.

Dirigir um carro é outro bom exemplo. É um conjunto de comportamentos espantosamente complexo. Existe algum perigo genuíno e a habilidade de dirigir com segurança pode demorar para ser desenvolvida. Além de usar as mãos e os pés, você precisa verificar o retrovisor a intervalos de alguns segundos. Precisa saber quem está na frente e atrás e também ter consciência dos pontos cegos, que podem ser especialmente perigosos. Mas a maioria das pessoas aprende a fazer isso. Se hoje você dirige automóveis, provavelmente não morre de medo disso nem ignora os riscos envolvidos. Dirigir é algo que você aprendeu a fazer – tanto as ações físicas quanto as atividades mentais necessárias. Mas, em algum momento, dirigir deve ter parecido algo tremendamente intimidante, assim como o programa de planilhas dessa nova situação.

Algumas situações podem provocar ansiedade e estresse. É perfeitamente normal. Trata-se de algo relacionado ao que você está fazendo, e não ao que você é no fundo do seu ser. Pense em todas as coisas que você realizou no correr dos anos. Você está aprendendo agora, assim como aprendeu naquelas ocasiões. Aprendeu a fazer aquelas coisas e vai aprender essa. Você pode ter confiança absoluta nisso.

Aqui vai outro bom método para enfrentar situações intimidantes. Ataque apenas uma parte e obtenha sucesso. Em vez de tentar enfrentar a questão inteira imediatamente, faça um aquecimento com algo menos amedrontador que lhe permita alcançar o sucesso. Pode ser uma tarefa que esteve adiando, como um telefonema ou tomar uma decisão e agir. Dar pequenos passos, entrar no ritmo e conseguir alguns sucessos irá colocar você em um estado de "fluxo" em que esquece todo o resto. Depois irá se sentir mais competente, mais capaz e definitivamente mais confiante.

De novo, lembre-se do ponto fundamental da confiança. Não se trata de não sentir dúvidas com relação a si mesmo. Não é estar totalmente livre de hesitação. Esse tipo de atitude é característico do pensamento grandioso (em uma das extremidades do espectro) e da baixa autoestima (na outra). As pessoas nos dois extremos estão convencidas de que são totalmente fantásticas ou completamente incompetentes. Se você está comprando esse pensamento de tudo ou nada, lembre-se: você pode estar errado!

Pensamento mágico: "Pus um feitiço em mim"

Pensar de maneiras novas sobre você mesmo é uma ferramenta poderosa para criar autoconfiança. A mesma ferramenta pode ser aplicada para o que você pensa sobre os outros. Quando você olha em volta, pode ver apenas pessoas superconfiantes e destemidas. Mas tenha certeza de que essas mesmas pessoas podem passar por muitos momentos de insegurança. Você simplesmente não está vendo isso agora. Do mesmo modo, não presuma que todo mundo pode ver as suas tensões e ansiedades. É isso que os psicólogos chamam de pensamento mágico.

O pensamento mágico não tem nada a ver com a realidade, é uma grande barreira impedindo você de se tornar a pessoa inesquecível que deseja ser. Assim, não se permita fazer declarações mágicas sobre você mesmo ou sobre os outros. Se sentir que isso está começando a acontecer, diga a si mesmo, com calma e gentileza: "Espere um minuto, isso não é verdade." Se puder descobrir alguma prova que negue a declaração mágica, melhor ainda. A princípio isso pode exigir algum esforço, mas o impacto em seus níveis de autoconfiança será gigantesco.

Ter confiança não é simplesmente pensar bem a respeito de si mesmo. Tem a ver com *não* pensar mal de você. Pare de pensar "Por que isso aconteceu?" ou "Por que estou me sentindo assim?" e comece a pensar "Como eu gostaria de me sentir?", "Quando me sinto confiante?" ou "O que posso fazer agora para me sentir mais confiante nesta situação?".

Atenha-se a isso e não espere que tudo aconteça de uma vez. Criar autoconfiança é um processo – e se parecer um processo longo, vendo de onde você está agora, isso só prova como é importante começar. Em um instante veremos alguns passos práticos que você já pode dar agora mesmo.

Cinco habilidades sociais básicas

Por que algumas pessoas causam impressão tão positiva nas situações de negócios ou sociais? Que comportamentos gravam as pessoas na sua memória a ponto de serem inesquecíveis, ao passo que você esquece outras imediatamente? Quais são os comportamentos que definem alguém como uma pessoa confiante e de classe? As respostas são encontradas em algumas habilidades sociais básicas.

Essas são algumas das habilidades mais importantes que podemos ter. O ser humano é um animal social, e a falta de habilidades sociais pode levar a uma vida solitária. O domínio das habilidades sociais pode ajudar muito em cada área da sua vida e da sua carreira. Ainda que essas habilidades sejam inatas em algumas pessoas, elas podem ser aprendidas – como você já vai descobrir.

A primeira não é de fato alguma coisa que você faz, e sim como você se sente. É a capacidade de relaxar em situações sociais ou profissionais. A tensão e a ansiedade são contagiosas. Quando você fica pouco à vontade, esse sentimento é transmitido às pessoas em volta. Se você parece confiante e controlado, há uma boa chance de encontrar o mesmo estado mental nas outras pessoas.

Para desenvolver a capacidade de relaxar, o primeiro passo é identificar exatamente o que deixa você ansioso. Isso varia de pessoa para pessoa, mas, entre as pessoas que de fato têm problema em situações interpessoais, uma ansiedade se destaca acima de todas as outras: a ansiedade com relação à ansiedade; o nervosismo com relação a ficar nervoso. É o medo de descobrirem que você é uma pessoa ansiosa que acentua o próprio comportamento que você está tentando esconder.

Se essa ansiedade que confirma a si mesma é um problema para você, aqui vai uma sugestão: a melhor política é a honestidade. Sem dramatizar exageradamente seus sentimentos, mencione que às vezes você fica um tanto inquieto ao conhecer pessoas novas ou falar em público. Pense antecipadamente em como fará isso. Injetar um pouco de humor é sempre uma boa ideia. O objetivo principal é encarar a questão de frente e com isso tirar o peso dela. Fique tranquilo: ninguém usará isso contra você. Na verdade, admitir esses sentimentos muito humanos é um ótimo modo de trazer as pessoas para o seu lado.

Também tenha em mente que determinadas ações provocam ansiedade, ainda que você possa achar que elas estão acalmando-o. Tente não fazer nada depressa demais, seja andar, falar, comer ou mesmo sentar-se em uma cadeira. Os movimentos rápidos e espasmódicos despertam uma primitiva síndrome de luta ou fuga. Essa é a última coisa que você deseja, por isso não tenha pressa. Diga a si mesmo para relaxar. Você ficará surpreso com o aumento do nível de confiança que irá sentir e com o efeito positivo que isso causa nas pessoas ao redor.

Assim, a capacidade de relaxar é a primeira habilidade social de uma pessoa confiante, e a segunda está relacionada de perto com ela. É a capacidade de ouvir. As pessoas que não estão à vontade costumam falar demais, depressa demais ou alto demais. É uma tentativa equivocada de assumir o controle da situação porque temem o que pode acontecer caso não o façam. O triste é que é extremamente frustrante estar perto de uma pessoa quando você não consegue conversar porque ela não para de falar.

Na verdade, a conversa é como o tráfego de automóveis. Às vezes seu semáforo está verde, às vezes está vermelho. A cooperação dá a todos a chance de chegarem aonde querem ir, em um ritmo equilibrado. Muitas pessoas gostariam de simplesmente falar o tempo todo, claro, assim como algumas pessoas ignoram os semáforos e os limites de velocidade. Mas esse impulso pode privá-lo da carteira de motorista, assim como pode privá-lo de alguém com quem conversar.

Ao longo desta leitura, observe a terceira habilidade da interação confiante. Trata-se da empatia e do interesse genuíno pelas experiências de outra pessoa – e isso é algo muito raro. Treinar para de fato sentir o que outra pessoa está tentando comunicar é provavelmente o modo mais rápido de se tornar inesquecível – talvez exatamente por ser uma coisa tão rara.

Falamos sobre empatia na nossa discussão sobre a habilidade de ouvir. Empatia é um sentimento. A conexão – nossa quarta habilidade social – é a expressão externa desse sentimento. Quando você sente empatia, tem mais condições de se conectar. A conexão é uma compreensão do que acontece em uma interação social. Ela diz, basicamente: "Sou como você, nós nos entendemos." A conexão acontece inconscientemente. E, quando acontece, a linguagem, os padrões da fala, os movimentos e a postura do corpo, além de outros aspectos da comunicação, podem se sincronizar em níveis incrivelmente detalhados.

A conexão é inconsciente mas pode ser encorajada por esforços conscientes. Um modo de fazer isso é espelhando o comportamento verbal da outra pessoa ou equalizando o seu comportamento verbal ao dela. Não é nada complicado – basta refletir a linguagem e os maneirismos da fala, inclusive ritmo, volume, tom e escolha de palavras. Às vezes, quando duas pessoas se sentem bem juntas, isso acontece por conta própria. A conexão se deu espontaneamente. Em outras ocasiões a técnica do espelhamento é um bom método para criar conexão quando de outro modo ela estaria ausente.

Uma importante subcategoria do estabelecimento da conexão é o contato ocular adequado, o olho no olho. Isso não significa que você precisa ficar encarando as pessoas. De fato, encarar alguém de modo prolongado pode comunicar raiva. Mas olhar o outro enquanto fala ou ouve é questão de respeito básico.

Se você não olha para seus interlocutores, várias ideias podem passar pela mente das pessoas, e nenhuma delas é positiva. Elas podem achar que você as está ignorando ou que está tentando se afastar. Se elas tiverem alguma preocupação com relação à própria confiança, sem dúvida isso será doloroso. Pessoas assim irão se culpar pela falta de conexão. Mas, se você não consegue nem mesmo olhá-las nos olhos, é você que realmente deveria estar assumindo a responsabilidade por isso.

Outras pessoas terão uma interpretação diferente. Em vez de se culpar, concluirão que você é ardiloso e indigno de confiança. Ainda que em alguns lugares do mundo seja considerado grosseiro olhar as pessoas diretamente nos olhos, nosso país não é um desses. Assim, aja adequadamente e você não será considerado um malandro, e sim confiante e cheio de classe.

Autopercepção e autoestima

A baixa autoestima pode ter impacto nos seus relacionamentos, na sua saúde e em todos os outros aspectos da sua vida. É impossível as pessoas pensarem algo positivo a seu respeito se você não pensa em si mesmo positivamente.

A boa notícia é que você pode aumentar sua autoestima até um nível saudável, mesmo se for um adulto que vem abrigando uma autoimagem negativa desde a infância. Mudar o modo como você pensa – reimaginando-se e reimaginando a sua vida – é essencial para aumentar a autoestima. Os três passos a seguir podem ajudar nesse processo:

Identifique condições ou situações problemáticas. Pense nas condições ou situações que você acha problemáticas e que parecem reduzir sua autoestima, como, por exemplo, o medo de uma apresentação profissional, sentir raiva frequentemente ou sempre esperar o pior. Você pode estar enfrentando uma mudança na situação de vida – como a morte de um ente querido, a perda do emprego ou os filhos indo embora de casa – ou no relacionamento com outra pessoa, como um cônjuge, um familiar ou um colega de trabalho.

Tenha consciência das crenças e dos pensamentos. Assim que você identificar as condições ou situações, preste atenção nos seus pensamentos com relação a elas. Isso inclui sua conversa consigo mesmo – o que você diz a si mesmo – e sua interpretação do que a situação significa. Seus pensamentos e crenças podem ser positivos, negativos ou neutros. Podem ser racionais – baseados na razão ou nos fatos – ou irracionais – baseados em ideias falsas.

Identifique pensamentos negativos ou inexatos. Note quando seus pensamentos se tornam negativos. Suas crenças e seus pensamentos sobre uma situação afetam sua reação a ela. Crenças e pensamentos negativos sobre alguma coisa ou alguma pessoa podem provocar o seguinte:

- *Reações físicas – como tensão muscular, dor nas costas, coração acelerado, problemas de estômago, suor ou mudanças no padrão de sono.*
- *Reações emocionais – inclusive dificuldade de se concentrar ou sensação de pressão, raiva, tristeza, nervosismo, culpa ou preocupação.*
- *Reações comportamentais – que podem incluir comer quando não está com fome, evitar tarefas, trabalhar mais do que o usual, passar muito tempo sozinho, ficar obcecado com uma situação ou culpar os outros pelos seus problemas.*

Do que as pessoas precisam – e o que você pode dar

Como este capítulo é sobre autoconfiança e autoestima, pode causar surpresa examinarmos as necessidades e os sentimentos das outras pessoas. Mas para uma pessoa confiante o que realmente importa são essas necessidades.

As pessoas precisam *receber*. Elas precisam de um sentimento de importância, de propósito e de objetivos. Se você é administrador em um ambiente corporativo ou dono de empresa, satisfazer essa necessidade é um elemento básico da liderança confiante. Independentemente do que lhe digam ou do que você pense, ninguém trabalha só por dinheiro – pelo menos não por muito tempo.

As pessoas também precisam de status. Como alguém de confiança e de classe, você está em posição especial para revelar sentimentos de reconhecimento sincero e importância. Isso pode assumir muitas formas. Às vezes significa escolher alguém para ser elogiado diante de um grupo. Em outras ocasiões é chamar alguém de lado para agradecer por um serviço bem-feito.

Resumindo, confiança não é realmente uma coisa que você tem. É algo que você dá e então lhe é devolvido. A confiança, como a classe, é um poder que você irradia, e no reflexo dela você brilha muito mais.

8

Empatia com (quase) todo mundo

No CAPÍTULO 5 DISCUTIMOS A EMPATIA como componente da audição eficaz, como você deve se lembrar. Ainda que ouvir seja certamente uma habilidade importante, o conceito de empatia tem uma aplicação muito mais ampla.

Dito de modo simples, empatia é a capacidade de sentir o que outra pessoa está sentindo. Se você quer se tornar uma pessoa inesquecível, alguém que se distingue por agir com classe, *nada* é mais importante do que desenvolver a capacidade de empatia. Neste capítulo veremos por que isso é verdade. Também vamos examinar alguns passos práticos que você pode dar para se tornar um ser humano mais empático. Além disso, veremos o que significa não ter empatia com os outros e por que isso pode ser muito autodestrutivo em todas as áreas da vida.

"Não sou perfeito (espero!)"

Durante a Segunda Guerra Mundial, Dwight Eisenhower era o comandante supremo das forças aliadas na Europa. Em 1944, pouco antes da invasão da Normandia, foram apresentados vários nomes a Eisenhower para possível promoção ao posto de general. Um desses homens pediu uma reunião com Eisenhower para defender sua candidatura.

Ele disse algo como: "Senhor, tenho todas as qualificações possíveis para ser comandante. Não tenho medo nenhum. Me distingui em combate durante mais de vinte anos. Sou incansável. Praticamente não preciso dormir nem comer. Sei dirigir um tanque, pilotar um avião e sou capaz de escalar montanhas, sei nadar em rios e posso atravessar desertos caminhando. O que mais o senhor poderia desejar?"

Eisenhower ouviu com atenção e disse: "Sinto muito, mas você jamais poderá ser um general. Você parece um soldado incrível, mas esse é exatamente o ponto. A maioria dos nossos soldados não é incrível e precisamos de generais capazes de entender e sentir empatia com esses homens. Tenho que negar a promoção."

Essa história levanta um argumento importante. Ser um líder... ser alguém que age com classe... ser uma pessoa inesquecível... exige mais do que apenas seus pontos fortes. Também significa se conectar com as fraquezas e dificuldades dos outros. Em um mundo ultracompetitivo é fácil esquecer isso. Você se esforça para desenvolver suas capacidades, o que é bom. Mas ao fazer isso você pode perder o contato com os desafios enfrentados pelas pessoas ao redor.

Às vezes esses desafios são claros. Um dos membros da sua equipe pode ter uma doença ou sofrer um ferimento. Outro pode estar passando por um divórcio doloroso. Você precisará de tato ao discutir essas questões, mas pelo menos elas estão sobre a mesa. Mas nem sempre é assim. Você também precisa reconhecer e demonstrar empatia com relação a problemas muito mais sutis. Por sorte, a maioria dos problemas das pessoas se divide em um número relativamente pequeno de categorias. Os detalhes podem variar muito de pessoa para pessoa e as emoções que elas experimentam se manifestam de alguns modos diferentes. Ao aprender a demonstrar empatia com relação a esse pequeno leque de dificuldades, você poderá se tornar inesquecível para a maioria das pessoas.

Assim, vamos examinar alguns desses problemas.

Ansiedade

O número um, e de longe o mais frequente, é certamente o que chamamos de ansiedade. Essa é uma palavra tão vaga que você pode achar que ela não tem significado, por isso vamos defini-la de modo um pouco mais preciso. Ansiedade é o sentimento de que os acontecimentos estão fora do seu controle ou mesmo da sua compreensão. É a sensação de não saber o que vai acontecer. Você não pode estabelecer uma maneira de lidar com o problema porque não consegue visualizá-lo com clareza. A ansiedade é como o medo do escuro. Você não está realmente preocupado com o escuro, e sim com o que o escuro pode esconder – e não saber disso só piora a situação.

Pense no exemplo a seguir.

Rachel é uma nova assistente administrativa no seu departamento. Laurie, uma pessoa mais experiente, é designada para explicar as responsabilidades de Rachel. Laurie informa as oito tarefas que Rachel precisa realizar todas as manhãs em uma hora a partir do momento em que chegar ao escritório. Laurie, que trabalha na empresa há vários anos, conhece essas tarefas como a palma da mão. Executa todas elas no automático, como escovar os dentes de manhã ou desligar a luz quando vai dormir. Mas para Rachel tudo isso é novo. Ela ouve atentamente Laurie e tenta fazer anotações, mas é quase como se escutasse uma língua estrangeira. Só tem certeza de que não está absorvendo o que ouve.

O que ela sente é *ansiedade*. Ela tem uma imagem de si própria estragando tudo, mas a imagem é turva porque ela nem sabe ao certo o que é "tudo". Sente-se esmagada no primeiro dia na empresa, como um disjuntor tentando processar eletricidade demais.

Como gestor, aqui você precisa demonstrar empatia em duas direções diferentes. É claro que precisa se colocar no lugar de Rachel, mas primeiro tem que sentir empatia com Laurie. Precisa ver que Laurie talvez espere demais de Rachel. Sem saber, Laurie pode estar esperando que Rachel entenda toda uma nova linguagem antes mesmo de ter aprendido o alfabeto. Também é possível que Laurie sinta uma pequena oportunidade de se mostrar. Pelo menos por um momento ela está em uma posição de poder e Rachel depende totalmente dela.

Pense nisso por um instante. Tente ver a situação segundo esses pontos de vista muito diferentes – empatia é isso. Em seguida, pergunte-se como reagiria para atender às necessidades de Rachel e Laurie, além das demandas da sua empresa como um todo.

Uma solução pode ser algo assim: em vez de contar de uma vez a Rachel tudo que ela deve fazer, talvez as instruções possam ser divididas por vários dias. Rachel pode aprender duas tarefas na segunda-feira e mais duas na terça. No fim da primeira semana, terá assimilado todas as oito tarefas matinais em quatro dias. Esse plano também refrearia qualquer tendência da parte de Laurie de andar depressa demais. Ao demonstrar empatia com duas partes, você pode descobrir uma solução que satisfaça os interesses de todos.

Otimismo

Se a ansiedade é o sentimento vago de que algo irá acontecer, vamos chamar o oposto da ansiedade de *otimismo*. Esse, claro, é um sentimento extremamente positivo. Assim como a ansiedade é algo que você quer reduzir, o otimismo é algo que você quer encorajar.

Rick era um treinador de futebol americano do Ensino Médio que tinha sido um *quarterback* notável na carreira universitária. Sempre que o time sob sua supervisão treinava jogadas de defesa, Rick fazia o papel do *quarterback* do time oposto. Um dia um ex-colega do time universitário de Rick foi assistir a um treino e notou que muitos arremessos de Rick estavam sendo interceptados pelos jogadores que estava treinando. Mais tarde ele zombou de Rick falando sobre a deterioração do seu braço.

– Acho que estamos todos envelhecendo – disse o colega. – Mas é uma boa coisa você estar trabalhando como treinador, e não jogando.

Rick apenas riu.

– Sou capaz de arremessar tão bem como antes, mas quero facilitar para esses garotos. Quero que eles pensem que são capazes de interceptar todas as bolas. Até os *quarterbacks* do Ensino Médio podem fazer passes melhores do que os que eu estava arremessando ali, mas no treino quero que eles se sintam estimulados, e não frustrados. Agora eles acham que estavam interceptando passes de um ex-astro universitário. Sentem-se incríveis, e é exatamente assim que eu quero que se sintam. Estou dando a eles uma autoimagem positiva.

A ansiedade e o otimismo são os dois lados da mesma moeda. A solução de empatia para as duas coisas está em tornar tudo mais fácil, e não mais difácil. O modo de comer um bolo de chocolate inteiro é aos pedaços – e isso é verdadeiro quer você goste de chocolate ou não. Como alguém que sabe agir com classe, tenha isso em mente sempre que quiser ajudar as pessoas a maximizar seu potencial.

Medo

O medo é uma variação da ansiedade ao mesmo tempo mais fácil e mais difícil de enfrentar. É mais fácil do que a ansiedade porque a situação é mais óbvia. As pessoas ansiosas não sabem exatamente o que as preocupa. As pessoas com medo sabem muito bem. A dificuldade com relação ao medo é que você pode ser capaz de desenvolver empatia com ele.

Há uma velha piada de um homem que vivia estalando os dedos. Um dia, seu amigo perguntou por que ele fazia aquilo.

– Bom – explicou o homem com um tom de medo na voz –, é para manter os elefantes afastados.

O amigo o encarou, incrédulo:

– Mas não existem elefantes a menos de 1.600 quilômetros daqui.

– É – disse o homem, estalando os dedos com nervosismo. – Funciona muito bem, não é?

Um homem que tem medo de elefantes parece idiota – exceto diante de outro que também tenha medo de elefantes. Para demonstrar empatia com o medo de alguém, não tente sentir medo da mesma coisa. Isso quase sempre não funciona, porque o medo é algo muito pessoal. Em vez disso, pense em algo que lhe cause medo – ou melhor, pense em alguma coisa que lhe provocava medo no passado. Talvez você tivesse medo de pular em uma piscina, talvez de andar de avião. Talvez você tenha acordado uma noite no escuro e visto um monstro do outro lado do quarto – que na verdade era o seu casaco no encosto de uma cadeira. Este é um ponto fundamental no medo: ele quase sempre se relaciona com o tempo. Medos que pareciam convincentes em determinados momentos da nossa vida parecem muito menos ameaçadores tempos depois. De fato, geralmente eles parecem bastante cômicos. Mas na ocasião eram bem assustadores.

Primeiro use este exercício com você mesmo. Depois poderá usá-lo para ajudar com os temores dos outros. Mais uma vez: não tente convencer as pessoas de que estão erradas em sentir medo. Isso não vai funcionar. Em vez de falar sobre o que elas temem *agora*, pergunte o que elas *temiam*. Mostre como os medos perdem o poder assim que obtemos mais informações e perspectiva. Depois peça que elas se projetem adiante no tempo – e prometa que um dia o que as está amedrontando parecerá tão inofensivo quanto seus temores do passado. Esse é um modo enfático de ajudar as pessoas com os seus temores. Experimente isso e você verá como funciona muito melhor do que fazer sermão ou ignorar o sentimento dos outros.

Raiva

De todos os sentimentos negativos que as pessoas podem ter, a *raiva* é provavelmente o mais comum no mundo moderno. Vivemos em meio a uma epidemia de raiva. As pessoas podem parecer plácidas como gado pastando, mas estão fervilhando de raiva ao nosso redor. Você espera por horas por um atendimento telefônico, fica eternamente na fila do caixa ou preso no trânsito atrás de um sujeito que vai a 30 quilômetros por hora. Em todos os casos, o resultado é raiva. E essas são apenas situações pouco importantes. Tenho certeza de que você pode pensar em muitas, muitas outras em que os ânimos realmente explodem.

Vamos dar uma olhada na raiva com empatia. Pesquisas sobre a raiva mostraram que determinadas situações realmente incomodam as pessoas. Um dos sentimentos mais poderosos é o de sentir-se *acusado sem motivo*. Você trabalha mais do que todo mundo em um projeto que fracassa. Se põem a culpa em você, como se sente? Existem muitos outros exemplos de acusações injustas. Você consegue pensar em algum agora? Se puder, é provável que sinta raiva só de lembrar da situação. Isso é bom. É a empatia agindo.

Como acontece com o medo, é importante ter empatia com relação à raiva porque existe uma diferença muito grande entre estar dentro e fora dela. Vista de dentro, a raiva é como fogo. Pode começar como a chama minúscula de um fósforo, mas com essa chama minúscula você pode queimar a casa inteira. De novo, pense em como você se sente quando está realmente com raiva. Se é como muitas pessoas, irá sacrificar tudo em nome desse sentimento intenso. Irá jogar os pratos caros contra a parede, chutar o cachorro, bater a porta – e, se batê-la no dedo, isso irá deixá-lo com mais raiva ainda.

Como administrador provido de classe, frequentemente você será chamado a lidar com pessoas raivosas. Lembre-se da metáfora do fósforo que mencionei antes. Não se deixe inflamar. Não deixe que outra pessoa queime você. É importante ter empatia, mas empatia não é o mesmo que participação direta.

Recusar-se a entrar no mundo de pessoas raivosas é provavelmente a melhor coisa que você pode fazer para ajudá-las. Não é fácil uma pessoa ficar com raiva durante muito tempo na presença de alguém que se recusa a participar. É muito mais fácil manter a raiva quando se está sozinho. Por isso as pessoas raivosas tendem a sair intempestivamente da sala se não conseguirem influenciar os outros. Tente impedir que isso aconteça. Depois diga gentilmente as seguintes frases: "Sei que você está chateado. Vamos conversar quando estiver se sentindo melhor."

Não diga mais nada. Se a pessoa com raiva tentar forçá-lo a falar, repita essas duas frases. Sem ter que explicar o motivo, essas são palavras ótimas no confronto da raiva. Elas não julgam e, além disso, mantêm a possibilidade de um diálogo posterior – mas só quando a raiva passar. Novamente: faça o que fizer, mas não desça ao nível da raiva que está presenciando. Você tem classe demais para isso.

Depressão: "De que adianta?"

Até agora examinamos quatro tópicos como oportunidades de empatia: ansiedade, otimismo, medo e raiva. Surpreendentemente, as duas que têm mais afinidade são raiva e otimismo. A raiva é na verdade uma emoção que contém alguma esperança. Baseia-se na crença de que você pode ter alguma influência se ficar suficientemente raivoso. As pessoas raramente ficam com raiva de avalanches ou terremotos. Qual é o sentido? Mas talvez, apenas talvez, se ficar com bastante raiva do seu chefe ou do seu cônjuge, você possa alterar o comportamento dele ou pelo menos atrair sua atenção. É impossível atrair a atenção de um furacão, por isso as pessoas não perdem tempo tentando. A raiva pode parecer irracional, mas em geral há algum otimismo ou esperança por trás dela.

O sentimento de *depressão* contrasta nitidamente com isso. As pessoas deprimidas desistiram da esperança. Sua visão de mundo pode ser resumida em três palavras: "De que adianta?" A depressão é muitas vezes confundida com infelicidade, mas isso é um equívoco. É possível estar infeliz sem estar deprimido. A depressão é uma doença e sua manifestação está muito mais próxima de uma sensação física, como fadiga, do que da raiva ou da ansiedade. De modo semelhante, o oposto da depressão não é a felicidade ou a alegria – é a vitalidade, a disposição de se levantar e fazer algo. As pessoas deprimidas literalmente não conseguem se convencer a sair da cama de manhã. De novo: "De que adianta?"

Ter empatia com a depressão não é questão de se colocar em determinado estado mental. É se colocar em um estado físico, e não emocional. É ficar sem energia. É simplesmente permanecer deitado.

Tendo isso em mente, que caminho mais eficaz você imagina para lidar com pessoas que passam por depressão? Não é uma questão de falar com elas. Elas não dirão nada ou simplesmente falarão sobre como estão deprimidas e como tudo é inútil. Mas como a depressão é uma experiência física, a ação física pode ajudar a pessoa a melhorar o quadro. Tente fazer a pessoa se mexer de novo, e quanto mais movimento, melhor. Ela vai resistir, claro, porque por dentro sabe que o que você está sugerindo irá funcionar. Para as pessoas deprimidas, a depressão é uma zona de conforto e elas não se sentem capazes de abandoná-la. Mas irão se sentir melhor se você simplesmente conseguir que elas se mexam.

A menos que você esteja clinicamente doente, é impossível se sentir deprimido enquanto desce por um tobogã aquático. É impossível ficar deprimido dançando uma polca. Não tente convencer as pessoas a ficarem menos deprimidas para começarem a dançar. Faça com que dancem e ficarão menos deprimidas. Faça com que dancem e você será inesquecível.

A última oportunidade para a empatia – e a mais difícil – é com uma pessoa que está em negação. Para entender isso vamos usar uma regra invocada em muitos livros de desenvolvimento pessoal, mas que mesmo assim é valiosíssima: "Se você continuar fazendo o que está fazendo, continuará ganhando o que está ganhando."

Essa regra é tão valiosa não por ser verdadeira, mas por parecer verdadeira sem que de fato o seja. Há 100 milhões de anos, por exemplo, os dinossauros continuaram fazendo o que faziam, mas não ganharam o que vinham ganhando. O que ganharam foi a extinção. É isso que acontece quando as condições mudam mas você não muda. Não é fácil ter empatia com uma pessoa que está em negação porque se recusa a ver que as condições mudaram.

Quase todas as organizações têm pessoas desse tipo. Frequentemente elas estão na empresa há muito tempo. Às vezes têm o próprio reino em miniatura, que por algum motivo costuma ser o departamento de contabilidade. Segundo o ponto de vista delas, o ano ainda é 1990 ou 1980, ou talvez até mesmo 1975. Como acontece com uma pessoa deprimida, convencê-las a sair disso pode ser difícil. De novo, o necessário é a ação física. Dê a essas pessoas uma nova tarefa. Dê algo muito fora de seu feudo bem defendido, de modo que elas não possam negar que as coisas mudaram.

E tenha consciência do seguinte: pode não dar certo. Você pode encontrar pessoas que dirão que simplesmente não irão fazer isso. O que elas querem dizer é que simplesmente *não podem* fazer – e talvez estejam certas. Não podem fazer, assim como aqueles dinossauros não puderam se adaptar a uma mudança climática. Assim, talvez você precise dizer adeus a algumas pessoas que estão nesse estado de negação profunda. Você deve dizer adeus sem culpa, porque fez o possível. Elas estão optando por ir embora em vez de mudar.

Há uma diferença entre sentir empatia com as pessoas e concordar com elas. Como alguém de classe, você deve ser capaz de enxergar a realidade dos sentimentos da outra pessoa. Não deve haver nenhum julgamento com relação a essa realidade. É desnecessário dizer que você pode e deve julgar o contexto desses sentimentos. Se, por exemplo, a pessoa demonstrar preconceitos raciais ou sexistas, não é apenas uma questão de "Ela tem direito à própria opinião". Mas o primeiro passo é ver qual é a opinião e enxergá-la pelo ponto de vista da pessoa, mesmo se você achar esse ponto de vista desagradável.

A empatia é uma importante ferramenta de relações humanas e definitivamente faz parte do repertório de uma pessoa inesquecível. Mas você também tem o direito de esperar um pouco de empatia. Para além de um determinado ponto, você não precisa tolerar pessoas intolerantes. Se fosse fazer isso, você mesmo estaria exercendo uma forma de negação. Mas o seu objetivo não é ser santo. Seu objetivo é ser uma pessoa inesquecível.

9

Criando confiança na sua equipe

JÁ DISSEMOS QUE A CONFIANÇA é um dos alicerces da classe. Examinamos maneiras de acessar e criar um sentimento de confiança e autoestima na sua carreira e na sua vida pessoal. Mas, quando se trata de se tornar inesquecível, desenvolver essas qualidades em si mesmo é apenas o começo. Uma pessoa genuinamente de classe também sabe inspirar as outras a melhorar. Isso é desenvolvimento de equipe no melhor e mais amplo sentido da expressão.

A definição exata de desenvolvimento de equipe é um problema filosófico complexo. Mas no nível cotidiano é muito mais simples. Qualquer pessoa pode ser um desenvolvedor e líder de equipe eficaz. Isso é bom, porque sua tarefa é pôr para fora todo o potencial das pessoas ao redor. Elas precisam encontrar o equilíbrio certo entre os aspectos social, moral e empresarial do desenvolvimento de equipe, e você pode ajudá-las nessa tarefa.

O primeiro passo – e certamente o mais importante – é dar bom exemplo. Os líderes eficazes "fazem o que dizem", e isso naturalmente incentiva os outros a fazer o mesmo. Então, quando os líderes de classe veem mudanças positivas na sua equipe, jamais deixam de recompensar ou elogiar todos que estão se saindo bem. Por outro lado, em termos de crítica construtiva, os desenvolvedores de equipes inesquecíveis são os primeiros a admitir quando estão errados. Já discutimos o conceito dos erros como experiências de aprendizado que estimulam o progresso. Quando você age de acordo com esse princípio, as pessoas se sentem confortáveis para lhe pedir ajuda e conselho em situações difíceis.

O que é necessário

As habilidades interpessoais são os elementos mais importantes no desenvolvimento de equipes, em parte porque muitas pessoas têm dificuldade para lidar com quem está em volta. Dwight Eisenhower estava certo ao dizer que desenvolver uma equipe é levar os outros a fazer o que você quer porque eles acham que é isso que querem. Com as melhores habilidades pessoais, as pessoas quererão fazer o melhor porque estão fazendo algo por si mesmas. Para além do importantíssimo princípio de dar exemplo, várias qualidades pessoais podem ajudar você a exercer uma influência positiva na vida dos outros.

A flexibilidade é definitivamente uma dessas características. Você é capaz de "seguir o fluxo"? Até que ponto é capaz de fazer novos planos quando um problema imprevisto pede uma mudança de direção? Se precisar de alguma ajuda com isso, faça um esforço para se concentrar em planejar vários resultados possíveis para algo que você vai tentar fazer pela primeira vez.

A determinação também é muito importante no desenvolvimento da equipe, e a falta dela pode representar a ruína para muitos líderes e administradores. Não existe desenvolvimento de equipe se você não estiver tomando decisões importantes. Infelizmente, a maioria das decisões importantes também são as mais difíceis. Nenhuma outra pessoa quer tentar tomá-las. Esteja disposto a agir com ousadia do modo que achar melhor. Claro, quando você age assim não há garantia de que todo mundo irá concordar quanto à decisão tomada. Mas lidar com isso faz parte de ser alguém de classe.

Entre outras qualidades de um desenvolvedor de equipe de alto nível estão:

Pontualidade: Desenvolva a reputação de alguém que cumpre os horários e você ganhará respeito de outros profissionais organizados. Especialmente nas reuniões, quando os outros chegam na hora, eles esperam que você também esteja a postos. Nada é mais frustrante para uma equipe do que sempre esperar um participante atrasado.

Consideração: Sempre tome o cuidado de cumprimentar as pessoas de modo amistoso e pessoal. Você terá tempo para fazer isso direito se chegar um pouco cedo às reuniões, de modo a poder receber os demais participantes.

Deferência: Na sua casa ou no trabalho você é responsável por deixar todo mundo confortável e produtivo. No território de outra pessoa você deve recuar e permitir que ela determine o tom.

Aparência: Se uma situação específica pede vestimenta formal ou casual, você deve se esforçar ao máximo para se encaixar. Se o esperado é uma roupa formal, você deve usá-la; se está vindo de algum local de trabalho, dedique alguns instantes a espanar a poeira e ficar apresentável.

Atenção: Você deve ouvir duas vezes mais do que fala. Faça três perguntas em uma conversa antes de dar informações sobre você mesmo.

Etiqueta: No início de uma reunião profissional ou social tenha certeza de que todo mundo foi devidamente apresentado. No final não saia correndo como se mal pudesse esperar para ir embora – mesmo se você mal puder esperar por isso!

Treinamento eficaz

Como desenvolvedor de equipe, seu compromisso deve se expressar não somente no modo como age todo dia, mas também nos programas de treinamento formais que dão aos membros da equipe a confiança e a capacidade de que eles precisam para também se tornarem líderes inesquecíveis.

Quanto mais alta for sua posição na estrutura corporativa, mais você deve se envolver no desenvolvimento dos programas de treinamento. Se você é o CEO da sua empresa, por exemplo, sua presença garantirá que o treinamento seja levado a sério pelas pessoas que desejem subir na organização.

À medida que você começa a desenvolver programas de treinamento e desenvolvimento de equipes, é importante se concentrar não somente nas técnicas, mas também nos valores. O primeiro valor que você precisa identificar pode ser: "O que define a competência no desenvolvimento de equipes?"

Certifique-se de que o seu programa de treinamento esteja alinhado com a declaração de missão da sua empresa e sua estratégia de negócios. Certifique-se de que está desenvolvendo um plano que é mais do que apenas uma situação de professor-aluno. Esse tipo de treinamento não deveria acontecer apenas uma vez por ano, no retiro de fim de semana da empresa. Deve fazer parte do cotidiano corporativo. Os membros das equipes devem receber tarefas de desenvolvimento, formação externa e, em um nível mais alto, também devem ter reuniões com contrapartidas internacionais e avaliações integrais das capacidades. Isso torna seu programa e sua administração mais fortes.

Tornando os novos membros parte da equipe

Os membros da equipe são a espinha dorsal de qualquer empreendimento bem-sucedido. Ainda que os líderes designados possam tomar todas as decisões importantes, são os membros da equipe que executam as tarefas necessárias para que o trabalho seja realizado. Sem bons empregados uma empresa não funciona direito. Infelizmente, muitos empregados se esquecem do trabalho duro que fizeram assim que passam para cargos corporativos ou administrativos. Por isso o treinamento e o desenvolvimento dos empregados são essenciais para uma empresa de sucesso. Quando os empregados se tornam mais bem-sucedidos, a empresa é mais bem-sucedida.

Em muitas empresas de ponta os novos contratados devem participar de um seminário de treinamento assim que chegam, pois muitas informações precisam ser dadas o mais cedo possível. Um seminário é uma oportunidade de aprender os detalhes do que faz a empresa funcionar. Além disso, os novos contratados aprendem o que pode ser esperado deles para além de suas designações de cargo formais.

Essa orientação é benéfica, mas deveria ser apenas parte de uma experiência de desenvolvimento contínua. Infelizmente, muitas empresas param no início. Ao criar e manter programas de treinamento e desenvolvimento, o desenvolvedor de equipes precisa ter em mente duas coisas: o programa precisa ser uma prioridade especial e, ao mesmo tempo, deve se tornar parte da rotina do local de trabalho. Os programas de treinamento dos empregados são importantes para que os novos funcionários saibam como a empresa atua e quais são as expectativas dela, além de manter os trabalhadores já estabelecidos dentro da corrente de conhecimento e comunicação. Os programas eficazes melhoram a comunicação e o entendimento entre indivíduos e departamentos. Mas, se os desenvolvedores de equipes não entendem a importância dos programas de treinamento dos empregados, tanto para a empresa quanto para seus funcionários, o programa jamais renderá muita coisa. Dependendo do tamanho da empresa, pode ser benéfico ter coordenadores de treinamento. Entre suas responsabilidades estariam a organização e o planejamento de cada parte do programa, de modo que cada empregado receba o maior benefício possível.

Os empregados que entendem o seu trabalho e o que é esperado deles têm muito mais probabilidade de gostar do serviço e ser mais produtivos. Com um programa de treinamento estabelecido, as empresas podem esperar aumento tanto nos números de vendas quanto na produtividade geral.

Desenvolvimento de equipe e administração do tempo

As pessoas costumam ter uma abordagem contraditória em relação à administração do tempo. Elas sabem que é importante – que pode ser a diferença entre um gerente de nível médio e um alto executivo –, no entanto desperdiçam tempo diariamente. Como desenvolvedor de equipe, você pode ajudar o grupo e aproveitar ao máximo cada minuto implementando os seguintes princípios e técnicas de administração do tempo:

Uma hora de planejamento pode poupar dez horas de atividade. Não inicie grandes projetos sem estabelecer metas, como você alcançará essas metas e, o mais importante, definir o tempo em que elas precisam ser cumpridas. Isso irá lhe poupar muito tempo tentando tomar decisões no ato, o que fará o projeto demorar muito mais.

Melhore sua velocidade de leitura. A velocidade média de leitura é de duzentas palavras por minuto. A maioria das pessoas precisa ler pelo menos duas horas por dia no trabalho. Um curso de leitura dinâmica pode duplicar sua velocidade de leitura. Isso lhe dá mais uma hora para fazer mais coisas produtivas.

Dedique uma hora por dia ao autodesenvolvimento pessoal. Se você passar uma hora por dia estudando uma habilidade que deseje melhorar, isso resultará em sete horas por semana (quase um dia inteiro de trabalho) e 365 horas por ano (mais do que duas semanas direto sem parar nem para dormir). Você pode se tornar mais preparado e até mesmo dominar a habilidade que escolher.

Pratique a paciência. É natural querer que as mudanças positivas aconteçam do modo mais fácil e rápido possível. Mas isso costuma demorar mais do que você espera. Primeiro a mudança precisa ser realizada, depois integrada, em seguida transformada na base para o próximo passo no seu desenvolvimento.

Seja aventureiro. Enxergue a mudança como desafio e transformação. Jogue-se no planejamento e na preparação. Explore novos horizontes de carreira que possam aparecer. Veja isso como uma aventura, e não como uma obrigação.

Pratique o descontentamento construtivo. Em vez de se agarrar ao status quo, pergunte: "Como posso mudar para melhor? Como a minha mudança ajudará minha equipe a melhorar também?"

Tente uma coisa nova todo dia. Quando as pessoas se expandem para fora de sua zona de conforto, costumam tentar construir uma nova zona de conforto o mais rapidamente possível. Desafie-se para tentar pelo menos um modo novo de fazer as coisas todos os dias.

Peça opiniões. Peça ideias, sugestões e comentários sobre como você está se ajustando à mudança. Os períodos de mudança são oportunidades de construir pontes, e não muros. Existem ocasiões para estar aberto a opiniões, e não na defensiva. Ao se posicionar assim você pode começar a levar sua equipe na mesma direção.

Use uma lista de coisas a fazer, que também se tornará uma lista de "coisas feitas". Uma lista assim é uma ferramenta extremamente importante, por isso iremos discuti-la em detalhes. Parece algo simples a ponto de ser quase risível, mas poucas pessoas têm até mesmo o nível básico de organização proporcionado por uma lista de coisas a fazer. A maioria de nós está trabalhando em mais de um projeto ao mesmo tempo ou (o que é muito pior) não está trabalhando em nada. Preste contas a si mesmo sobre uma coisa: a lista.

Uma das regras mais interessantes do comportamento no local de trabalho é: "O trabalho se expande até preencher o tempo disponível." Se você tem duas semanas para realizar um projeto, irá realizá-lo em duas semanas, mas o mesmo projeto poderia levar um mês se você tivesse tanto tempo assim. Se você colocar apenas um item na sua lista de coisas a fazer, provavelmente irá espalhá-lo pelo dia inteiro. Se acrescentar mais um item à lista na primeira parte do dia, provavelmente fará as duas. Se você tiver seis ou sete itens na lista, é possível que consiga fazer todos em um dia. Essa é uma melhoria gigantesca com relação à única tarefa que você executaria inicialmente.

Lembre-se de que administrar seu tempo não se resume a fazer coisas mais rapidamente, e sim a fazê-las corretamente de primeira. Assim, organize sua lista com as seguintes diretrizes:

- Registre todas as atividades – Anote suas várias exigências, prioridades, tarefas e atividades do dia ou da semana. Isso irá permitir que você visualize o que precisa ser feito.
- Determine os objetivos primários – Faça uma lista de seus objetivos primários para o dia ou a semana.
- Avalie o que é importante versus o que é urgente – Decida quais dessas atividades são mais importantes e quais são mais urgentes. Considere como determinados itens afetam outros e as consequências de não realizar alguns deles.
- Classifique – Use um sistema de classificação para começar a planejar. Por exemplo:

    As tarefas **A** têm grande prioridade e devem ser realizadas imediatamente.

As tarefas **B** são moderadamente importantes e podem ser feitas depois das tarefas **A**.

As tarefas **C** têm menor importância e podem ser realizadas no seu tempo livre.

- Faça um cronograma – Estipule prazos para cada tarefa e avalie o tempo necessário para terminá-la. Tenha em mente quaisquer tarefas que possam estar conectadas, para aumentar a produtividade.
- Revise os objetivos e ajuste – Revise seus objetivos e as recompensas por realizar a tarefa a tempo e faça os ajustes necessários. Livre-se de itens que permaneçam no final da lista e que, realisticamente, não serão feitos.

Responsabilidade compartilhada

Assim como uma lista de coisas a fazer é uma ferramenta essencial para a produtividade individual, as equipes que fazem parte de uma organização ou empresa também podem ter objetivos coletivos e tempo compartilhado em que desejam realizá-los. Como desenvolvedor de equipe, sua tarefa é identificar objetivos, esclarecê-los e ajudar os membros da equipe a fazer o mesmo.

A seguir, listo algumas dicas:

Priorize os objetivos. O primeiro passo é uma discussão para gerar uma lista de tudo que você espera realizar. Isso pode ser feito em grupo com sua equipe e com as pessoas que lhe dão os projetos. Depois de gerar a lista, coloque todas as ideias em categorias: urgentes, importantes e desnecessárias. Agora você pode desenvolver uma lista numerada com objetivos específicos para tudo que precisar ser feito.

Estabeleça um cronograma de produção com objetivos intermediários. Agora que você tem uma lista do que precisa ser feito, crie um cronograma para estabelecer datas. Os objetivos urgentes precisam ser abordados logo. Assim, é importante estipular o tempo para essas tarefas. Além disso, ao estabelecer passos intermediários dentro de seus objetivos maiores, você pode ter certeza do progresso contínuo ou de como a produção pode ser alterada para cumprir os prazos. Esses objetivos intermediários também permitem que você avalie o desempenho da sua equipe e determine quais táticas são eficazes para realizar seus objetivos.

Comunique o sistema de objetivos para a sua equipe. Certifique-se de que cada membro entenda a importância dos objetivos e dos prazos para alcançá-los. Obtenha ideias dos integrantes da equipe sobre o melhor modo de alcançar esses objetivos. Por fim, designe alguns deles para trabalhar em aspectos específicos dos objetivos maiores, deixando claro por quais partes da produção estão responsáveis.

Recompense o sucesso. Estabelecer objetivos é uma das partes mais fáceis do seu trabalho como desenvolvedor de equipe. Agora você precisa manter sua equipe e você mesmo motivados para alcançá-los apesar da mudança constante no local de trabalho. Um dos motivadores mais fortes é dar uma recompensa sempre que um objetivo for alcançado. Não precisa ser nada que tenha valor tangível. Muitas vezes o reconhecimento mais eficaz é um simples memorando dando os parabéns. Só garanta que o membro da equipe saiba que você valoriza o esforço e o tempo que ele dedica.

Redigindo um plano de desenvolvimento profissional

Um documento relativamente formal para os planos, esperanças e sonhos dos membros da equipe pode ser muito útil. Esse Plano de Desenvolvimento Profissional é uma ferramenta excelente para manter o pessoal concentrado em seus objetivos.

O primeiro passo é a autoavaliação. Ela deve se concentrar não em objetivos ou prazos, e sim em pontos fortes pessoais. Os integrantes da equipe devem pensar naquilo em que são bons! É mais fácil fazer as coisas que você ama do que tentar um bom desempenho em atividades pelas quais não tem interesse e nas quais não é bom. Ninguém precisa ser bom em tudo. Assim, reconhecer os pontos fracos é válido, mas o foco principal deve ser nos pontos fortes e nas capacidades.

Encoraje os membros da equipe a pensar em algo que eles possam querer aprender: uma nova habilidade ou mesmo todo um trabalho novo. Eles devem pesquisar o que seria necessário para isso. O desenvolvimento profissional eficaz só pode acontecer com formação contínua. Os membros da equipe devem examinar publicações da área, descrições de trabalhos e guias de carreira. Se um indivíduo está tentando subir na empresa, deve aprender o que outras pessoas fizeram para avançar.

O passo seguinte implica anotar planos e objetivos. Cada integrante deve criar uma lista de objetivos que gostaria de realizar no ano seguinte, nos próximos cinco anos e no fim de sua carreira. Essa lista e o Plano de Desenvolvimento Pessoal como um todo devem ser mantidos em um local seguro onde possam ser encontrados facilmente e revistos com regularidade.

Assim que a lista de objetivos de longo prazo estiver pronta, devem ser abordados objetivos mais imediatos: tarefas que possam ser realizadas em menos de um ano. Os membros da equipe devem garantir que pelo menos um desses objetivos os ajude a alcançar um ou mais objetivos da lista de longo prazo. O Plano de Desenvolvimento Pessoal deve ser reavaliado e possivelmente revisado de tempos em tempos.

Enfrentando conflitos

Uma das qualidades mais importantes de uma pessoa inesquecível é a capacidade de solucionar conflitos. No trabalho essa capacidade não é simplesmente importante, é absolutamente essencial. Ainda que a solução de conflitos talvez pareça uma perspectiva desagradável, ela pode representar um dos aspectos mais recompensadores do desenvolvimento de equipes.

Quando você é chamado a lidar com uma pessoa ou com algumas pessoas como mediador ou supervisor, é útil ter em mente as diretrizes a seguir:

Crie conexão. Comece colocando o membro da equipe à vontade. Tente reduzir a ansiedade dele. Um modo de fazer isso é começando com uma avaliação honesta sustentada por evidências.

Relacione-se com a circunstância. Tente se concentrar na situação, e não nas personalidades. Você deve informar ao membro da equipe tudo que já sabe sobre o problema e lhe dar a chance de explicar o que aconteceu. Se você reduzir a defensividade e não tirar conclusões apressadas, as diferentes perspectivas virão à superfície e a raiz do problema poderá ser encontrada e abordada.

Tranquilize o membro da equipe e restaure o desempenho. As pessoas que estão tendo problemas precisam ser tranquilizadas de que isso não significa que fizeram algo errado. Os membros da equipe devem ser tranquilizados quanto ao seu valor e à sua importância, e também quanto ao apoio e ao encorajamento que você lhes dá.

Quando necessário, retire o membro da equipe do papel que ele desempenha. Às vezes você descobrirá que alguém não se encaixa bem, seja em uma tarefa específica ou em fazer parte da organização como um todo. Quando isso acontecer, você precisa avaliar quais são os pontos fortes, os interesses e os objetivos da pessoa. O passo seguinte pode ser uma mudança na atribuição e nas responsabilidades dela. Em outros casos, pode ser do interesse de todos que a pessoa se desligue da organização.

Aspirar a se tornar um ser humano inesquecível é mais do que apenas um processo interior. Significa interagir e se conectar com outras pessoas em todas as áreas da sua vida. Significa pôr para fora o melhor delas, assim como você se esforça para expor o que há de melhor em você. Para as pessoas verdadeiramente de classe, o sucesso dos outros tem a mesma importância do seu próprio sucesso. O objetivo deste capítulo foi chamar atenção para esse fato e fornecer ferramentas para colocá-lo em ação. O resto é com você!

10

Administração do estresse

*C*LASSE É UMA PALAVRA QUE PODE SE APLICAR a muitas circunstâncias e a diferentes situações. Às vezes o significado é específico, ao passo que em outras ocasiões trata-se de algo mais vago ou metafórico. Em uma corrida de cavalos, por exemplo, classe costuma se referir simplesmente ao preço dos cavalos que disputam a corrida ou à bolsa que o vencedor receberá. Mas também pode significar a vontade misteriosa e intangível de vencer, que faz um campeão enfrentar qualquer desafio que se apresente. Quanto mais difíceis os desafios superados, mais eles apontam para um vencedor de classe. Parte de se tornar inesquecível é a capacidade de enxergar os obstáculos como oportunidades. Não são simplesmente incômodos. São uma chance de provar do que você é feito.

O desafio mais difícil

Ainda que as crises agudas sejam difíceis de ser administradas, por definição essas situações são limitadas em termos de tempo e lugar. Mas o estresse pode continuar por longos períodos e até mesmo indefinidamente. O estresse é perigoso em parte porque as pessoas se acostumam com ele. Provavelmente você conhece a história do sapo fervido em uma água cuja temperatura aumentou aos poucos, de modo quase imperceptível. É uma boa história, mas na vida real os sapos pulam fora da água. Os seres humanos, por outro lado, se permitem ficar superaquecidos até níveis destrutivos devido ao estresse prolongado na vida profissional.

Para uma pessoa de classe, lidar com o estresse exige força, mas também exige avaliação madura. Você precisa usar seus recursos interiores e também ter consciência de quando é hora de se desconectar de uma situação do modo mais adequado.

A maioria das pessoas não sabe fazer isso, apesar da presença clara do estresse na vida de milhões de indivíduos. Em 1992, um relatório das Nações Unidas chamou o estresse de "epidemia do século XX". Quatro anos depois, uma pesquisa feita pela Organização Mundial da Saúde (OMS) usou linguagem semelhante, referindo-se ao estresse como "epidemia mundial". Desde então a vida certamente não ficou menos estressante.

Nos Estados Unidos, cerca de um milhão de pessoas faltam ao trabalho a cada dia por causa de estresse. O estresse resulta em erros e acidentes, declínio de produtividade e esgotamento, baixo moral e perda de empregados, aumento do uso do álcool e de drogas, além de violência e assédio no local de trabalho.

Com base em pesquisas e informações citadas por Ravi Tangri no livro *StressCosts, Stress-Cures* (Custos e curas para o estresse), o estresse é responsável pelas seguintes questões relacionadas ao trabalho:

- *19% do absenteísmo;*
- *40% da rotatividade;*
- *30% da incapacitação de curto e longo prazos;*
- *10% dos custos dos planos de combate às drogas;*
- *60% de todos os acidentes de trabalho;*
- *os custos totais das compensações e dos processos judiciais devidos ao estresse.*

Estimou-se que 80% dos gastos com saúde são relacionados ao estresse. Mais ainda, à medida que aumentam os custos dos medicamentos e dos tratamentos, o total dos gastos relacionados ao estresse cresce cada vez mais. Tendo isso em mente, deveria ser óbvio que os motivos do estresse precisam ser abordados e minimizados por qualquer pessoa que deseje viver melhor.

Felizmente as principais causas do estresse – pelo menos no trabalho – são bem documentadas. Vejamos a seguir:

Excesso de trabalho. É óbvio que trabalhar demais causa estresse. Mas os empregados também sofrem quando as tarefas não são claras ou são mal supervisionadas. Um líder e desenvolvedor de equipe inesquecível precisa monitorar com atenção a mecânica e os procedimentos no ambiente profissional, além do volume de trabalho.

Interrupções aleatórias. Telefonemas, visitas e exigências imprevistas por parte dos gerentes ajudam a aumentar o estresse. Certifique-se de que aquilo que você espera dos membros da equipe esteja absolutamente claro. Depois proporcione um ambiente estável para alcançar essas expectativas.

Incerteza. Em momentos de dificuldades econômicas, a possibilidade de demissões, licenças não remuneradas ou outros cortes é uma grande fonte de estresse. Você deve manter sua equipe informada sobre situações que possam afetar os empregos e tranquilizá-la, se puder de fato fazer isso.

Feedback inadequado. Os membros da equipe precisam saber se estão alcançando as expectativas. O líder da equipe precisa dar feedback personalizado consistente, por escrito e verbal.

Falta de apreciação. A incapacidade de demonstrar apreciação produz estresse. Existem muitas maneiras de demonstrar apreciação, porém a mais eficaz é apenas um reconhecimento sincero da colaboração positiva de um membro da equipe. E isso deve ser feito por escrito!

Falta de controle. O estresse é maior quando os membros da equipe sentem que têm muito pouca influência sobre questões que os afetam.

Essas causas de estresse merecem sua atenção. Não deixe que elas persistam – quer seu papel seja de líder de equipe e administrador ou de empregado e membro da equipe.

Sinais, sintomas... e alívio do estresse

No nível físico, o estresse pode ser medido pelas taxas indicativas dos hormônios produzidos pelas glândulas suprarrenais. Mas na vida cotidiana você precisará observar outros sinais de estresse – em você mesmo e nas pessoas ao redor:

- *dificuldade para dormir;*
- *perda de apetite;*
- *falta de concentração;*
- *erros pouco característicos;*
- *explosões de raiva;*
- *comportamento antissocial;*
- *explosões emocionais;*
- *abuso de álcool ou drogas.*

Existem muitas ferramentas e técnicas para aliviar o estresse. Uma das mais simples e mais poderosas é conhecida em inglês pela sigla HALT. Ela oferece um meio claro e eficaz de reconhecer o estresse e intervir de modo proativo.

HALT significa *Hungry, Angry, Lonely, Tired* (em português, Faminto, Raivoso, Solitário, Cansado). Cada uma dessas condições físicas ou emocionais pode provocar estresse significativo. É igualmente importante dizer que cada uma delas pode "se esgueirar" para fora da percepção consciente.

Nesse contexto, fome significa mais do que a falta de comida. A palavra também pode se referir a necessidades emocionais: fome de segurança, de conforto, de compreensão ou de companheirismo. Todas essas são versões da fome que você precisa ter saciado na vida se pretende ser uma pessoa inesquecível. Também são necessidades que você pode ajudar a satisfazer na vida de outras pessoas.

O estresse causado pela raiva é um sentimento um pouco mais complexo e para muitas pessoas a solução é mais desafiadora. Em si, não existe nada de errado em sentir raiva, e certamente algumas coisas no mundo justificam esse sentimento. Mas poucas pessoas sabem como expressar a raiva de modo construtivo.

O primeiro passo para realizar isso é reconhecer a causa subjacente da raiva. Por trás da emoção que experimentamos, a raiva sempre resulta de algum tipo de impotência ou frustração percebida. Mais especificamente, é frustração porque o mundo, ou alguém nele, não está seguindo a programação que fizemos. É como se disséssemos: "Por que você não aprende a ver as coisas do meu jeito?" Mas o mundo não é feito para ver as coisas do "meu jeito". Uma pessoa inesquecível percebe isso e se ajusta à realidade. À medida que esse ajuste acontece, a raiva e a frustração podem ser substituídas pela ação e pela realização de objetivos tangíveis.

Solitário se refere a estar isolado. Como acontece com a raiva, a solução depende do contato com outras pessoas. Mas a solidão enfatiza a dificuldade de fazer esse contato – a relutância em estender a mão.

A última letra da sigla HALT significa *tired* (cansado). Os homens – e especialmente as mulheres – de alto desempenho costumam ignorar a fadiga. Aqui, felizmente, a solução é bastante óbvia: cochilar ou dormir! Mas, se você tem dificuldade para dormir, o motivo pode ser um dos outros elementos da sigla HALT. Assim, pense com atenção nessas questões e depois aja.

Outras técnicas de redução do estresse

As seguintes ferramentas e técnicas não mudarão as condições subjacentes que dão origem ao estresse. Mas ajudarão a evitar a depressão que o estresse pode provocar. Quando está deprimido, você não consegue agir – assim, essas ferramentas irão ajudá-lo a permanecer em um nível em que a ação positiva é possível. Como sempre, você pode usar essas ideias na sua vida e também pode compartilhá-las com os outros.

Humor. O riso literalmente muda a bioquímica do cérebro. Também muda nossa percepção do mundo ao redor. Se você quer mudar suas percepções, conecte-se com algo engraçado. E, se essa coisa específica não for engraçada, encontre outra.

Exercícios. Como já vimos, contrariamente ao que você possa pensar, o oposto da depressão não é a felicidade, e sim a vitalidade. O estresse, como precursor da depressão, pode roubar sua energia. Não ceda a essa influência negativa! Quando você está estressado, pode ser necessário um verdadeiro ato de vontade para sair do sofá. Mas, se você conseguir se mexer, terá benefícios poderosos e imediatos. Como acontece com o riso, o exercício tem efeitos bioquímicos que você experimenta por meio de uma mudança emocional.

Beba bastante água. A desidratação é a causa não reconhecida de muitos problemas físicos e emocionais, coisas que vão desde doença nos rins até demência. De modo simples, o corpo humano depende da água para funcionar direito. Se você reduzir seu suprimento interno de água, irá experimentar estresse e não irá funcionar física e mentalmente em alto nível.

Tenha uma boa noite de sono (ou tire um cochilo agora). Dormir bem à noite é vital para termos a mente e o corpo saudáveis, e cochilar durante o dia também pode ser benéfico. O sono recarrega e reenergiza, relaxa e ajuda a limpar o cérebro de pressões e pensamentos desagradáveis.

Um último ponto de reflexão: se você se sente muito estressado hoje, provavelmente não é a primeira vez. Mas consegue se lembrar do que o deixou estressado há dois anos? E há apenas um ano, ou mesmo no mês passado? Se você é como a maioria das pessoas, não faz a mínima ideia do que o estava incomodando. Só se lembra de que na ocasião aquilo pareceu de fato importante.
O que isso lhe diz?

11

Paciência com propósito

AO LONGO DAS ÚLTIMAS DÉCADAS foram publicados milhares de livros sobre o sucesso e o desenvolvimento pessoal. Praticamente todas as emoções e experiências possíveis foram exploradas e analisadas. Mas uma das experiências mais comuns no mundo moderno ainda não recebeu a atenção que merece – especialmente porque é não apenas comum, mas também difícil.

Trata-se da experiência de *esperar*. Não se passa um dia, nem mesmo uma hora, sem que enfrentemos o desafio considerável de esperar por algo ou por alguém. Esperar em um sinal de trânsito. Esperar em uma fila de caixa. Esperar por uma entrevista de emprego. Esperar em um consultório médico. A lista pode continuar eternamente... E essas são apenas as formas relativamente inofensivas de espera. Tenho certeza de que você consegue pensar em outras situações muito mais desafiadoras e até mesmo assustadoras.

Sim, há muita espera na nossa vida, e muitas dificuldades que acompanham essa espera. O objetivo deste capítulo é lhe dar algumas ferramentas para enfrentar essa experiência comum com bom humor, com classe – e, acima de tudo, com paciência. Afinal, a paciência é essencial para lidar com a espera. Com frequência você pode agir para encurtar uma espera, mas às vezes não é possível fazer nada além de... *esperar*. Uma situação assim pode ser muito, muito difícil, a menos que você tenha desenvolvido a capacidade de ter paciência. Mesmo com essa capacidade, também pode ser difícil estar perto de alguém impaciente – seja um colega de trabalho, um familiar ou o sujeito atrás de você que fica buzinando sem parar. Assim, nos próximos minutos vamos trabalhar para desenvolver a paciência em você – e também para estimulá-la nas pessoas ao redor.

Comecemos com uma definição de paciência, e ela está relacionada com o tema da espera que mencionei há pouco. *Paciência é a capacidade de esperar sem sentir raiva, ansiedade ou frustração.*

O primeiro ponto a notar nessa definição de paciência é que ela é totalmente interior. É mais subjetiva do que objetiva. Você não pode colocar a paciência em uma balança e pesá-la, não pode somá-la como o dinheiro em uma conta bancária e não pode colocá-la no bolso e levá-la quando precisar. Em muitos casos você não consegue saber se as pessoas estão pacientes ou impacientes só de olhar para elas. Uma pessoa sentada ao seu lado em uma sala de espera pode estar fervilhando de impaciência, mas tudo que você vê é alguém folheando uma revista. Do mesmo modo, quando essa pessoa olha para você, pode ver um indivíduo plácido. Mal sabe como você está furioso com o atraso do dentista.

Como a paciência é interior, vou começar lhe oferecendo um processo interior para desenvolvê-la. Quero que você perceba um fato simples: quando sua capacidade de controlar os eventos externos é limitada ou inexistente, você *precisa* aprender a controlar suas reações interiores. Tem que aprender a controlar a raiva, a frustração e a ansiedade. A boa notícia é que essas reações estão *sempre* sob o seu controle, independentemente do que aconteça no mundo físico.

Aqui vai uma citação que irá ajudá-lo a esclarecer isso: "Jamais aprenderíamos a ser corajosos e pacientes se só existisse alegria no mundo." Foi Helen Keller quem disse, e ela não enxergava, não escutava e não conseguia falar, em função de uma doença na infância. Obviamente sua vida não era somente de alegrias, mas ela optou por entender a ausência de alegria como um meio de desenvolver outras capacidades. Como estava diante da infelicidade, aprendeu a ser corajosa e paciente. Ela não quis indicar que a ausência de alegria é algo bom, mas sim que alguns resultados positivos podem vir dela. Esse era o seu processo interior.

Como você talvez saiba, caso conheça a história de Helen Keller, ela não chegou facilmente a esse estado de serenidade. Na infância era como um animal selvagem, golpeando furiosamente tudo ao seu redor. Aprendeu a ser paciente do modo mais difícil, apenas depois de ter exaurido as outras alternativas.

Com isso em mente, vamos voltar ao desenvolvimento da paciência como um processo interior assumindo o controle das suas reações subjetivas. Imagine que você está na fila da Starbucks. São 8h45 da manhã e você tem que estar no trabalho às nove, mas definitivamente precisa de um café. E tudo que você quer é um café. Você não quer um *latte*, não quer um frappuccino, não quer um *chai* com um pouquinho de creme. Só quer um café, mas quer agora.

Bom, azar o seu, porque, depois de ter esperado na fila até haver apenas uma pessoa à sua frente, essa pessoa não consegue se decidir. Deveria ser um cappuccino ou um frappuccino? Com ou sem chantili? Descafeinado ou normal? Existem opções demais e ela parece estar explorando todas detalhadamente. Você só quer um café puro e aquela situação o está deixando com vontade de gritar.

Bom, suponha que você grite. Isso pode ajudá-lo ou não a conseguir seu café mais cedo. Provavelmente não, mas não é esse o argumento que queremos abordar. O que precisa ser enfatizado é como você pegou a experiência interior de impaciência e espera e a transformou em uma experiência externa que envolve todos ao seu redor.

Se quer ser uma pessoa de classe, agir assim é um erro. Por quê? Porque na Starbucks você não pode controlar as circunstâncias externas, só pode influenciá-las dentro de determinados limites. Assim, quando você exterioriza o que se passa na sua cabeça, não há muitas chances de obter um bom resultado. Contam que um rei da antiga Pérsia certa vez pediu que as ondas do oceano fossem chicoteadas porque não lhe obedeciam. Parece idiota, mas é essencialmente o mesmo que fazer um escândalo na Starbucks ou bater no volante quando você está preso em um engarrafamento.

Felizmente existe outra opção. Lembre-se do que dissemos até agora. Lembre-se da nossa definição de paciência: *paciência é a capacidade de esperar sem sentir raiva, ansiedade ou frustração.* Lembre-se do que Helen

Keller disse: "Jamais aprenderíamos a ser corajosos e pacientes se só existisse alegria no mundo." Agora use esses dois princípios para suprimir a raiva, a ansiedade e a frustração. Faça um esforço consciente para aprender a ter paciência. Não a suporte passivamente – nem se exponha como um bobo externalizando-a. Em vez disso, transforme-a em uma oportunidade ativa de crescimento.

Thomas Edison deve ter sido uma das pessoas mais pacientes que já viveu. É interessante que, como Helen Keller, ele tivesse uma deficiência física, a surdez. Talvez isso lhe tenha ensinado a aceitar o que não podia mudar. Mas ele havia desenvolvido uma capacidade quase sobrenatural de ter paciência em seu trabalho. Edison não usava métodos científicos convencionais. Dizem que, quando estava desenvolvendo filamentos para a primeira lâmpada incandescente, ele tentou mais de 17 mil materiais antes de encontrar um que funcionasse. Como fez isso? Edison usou um método semelhante ao que acabamos de discutir. Não absorveu passivamente um fracasso depois de outro nem começou a jogar coisas na parede. Em vez disso, transformou a situação em um desafio, ou mesmo em um jogo. Se tentava usar uma casca de batata na lâmpada e ela se queimava imediatamente, ele via isso como uma descoberta. Não dizia: "Ainda não encontrei algo que funcione." Dizia: "Encontrei mais um material que não funciona." Não ficava deprimido, não começava a brigar com a esposa, não chutava o cachorro. Passava para a experiência seguinte.

Isso é classe – e para a maioria das pessoas não é algo fácil. Não é realmente natural. Suponha que você queira treinar um rato de laboratório para apertar um botão para ganhar comida. Suponha que você dê ao rato um ano inteiro para solidificar esse comportamento. Toda vez que ele aperta o botão, recebe comida, mês após mês. Isso acontece milhares de vezes. Mas um dia, em vez de receber comida, o rato leva um leve choque elétrico quando aperta o botão. Depois de milhares de experiências positivas apertando o botão, quantas vezes você acha que o rato vai precisar apertá-lo antes de desistir completamente e se dispor a morrer de fome? A resposta é: apenas três. No máximo quatro. Depois dessas tentativas ele começará a correr pela gaiola feito louco – o equivalente a ter um chilique na Starbucks – ou simplesmente ficará parado, passivo.

Há uma grande diferença entre você e um rato de laboratório. Use as ferramentas que abordamos até aqui e conseguirá transformar sua dor em paciência e a paciência em algo positivo. Daqui a pouco falaremos mais sobre isso.

Nós criamos uma definição de paciência e examinamos alguns modos de desenvolvê-la em situações em que precisamos dela. Agora vejamos alguns outros elementos da paciência que podem ajudar a esclarecer exatamente o que ela significa.

Paciência é a capacidade de se distanciar da necessidade de gratificação imediata. Um bebê quer a mamadeira na hora. Se não a receber, irá chorar. O rato quer a comida assim que aperta o botão. O cara na fila da Starbucks quer o bolinho para já. Talvez tudo isso seja perfeitamente natural. Mas uma pessoa de classe sabe que a vida é mais complicada do que fazer o que é natural. Assim, ela é capaz de esperar quando necessário.

Paciência significa demonstrar tolerância, compaixão e compreensão diante de pessoas menos maduras, menos fortes e menos pacientes do que você. Se você visita a jaula dos macacos no zoológico, um chimpanzé pode começar a fazer caretas. Você fica com raiva do chimpanzé? Está disposto a começar uma briga com ele? Espero que não. Também espero que, na próxima vez que alguém buzinar para você em um sinal vermelho, você não retome imediatamente uma mentalidade de símio. Jesus disse: "Perdoai-os porque não sabem o que fazem" – e ele estava sendo crucificado. As pessoas só estão buzinando para você.

Paciência significa aceitar os obstáculos e os reveses que são inevitáveis em qualquer área da vida. Você aprendeu a andar, ainda que deva ter caído um monte de vezes. Aprendeu a falar uma língua, no entanto o computador mais poderoso do mundo só consegue fazer isso em um nível primitivo. Invoque sua capacidade inata de paciência na próxima vez que sentir vontade de desistir ou de ter um ataque. Essa capacidade ainda está aí. Aprenda a usá-la.

Com seus colegas de trabalho, e especialmente com familiares ou amigos íntimos, seja paciente quando surgirem problemas que podem demorar para ser resolvidos. É incrível a frequência com que conexões que existem durante muito tempo podem desmoronar depois de um único desentendimento. Quando as pessoas se conhecem realmente bem, será que perdem a capacidade de demonstrar a paciência que dedicariam a alguém relativamente estranho? Como pessoa de classe, não deixe que esse comportamento autoindulgente estrague relacionamentos importantes na sua vida. Muitas pessoas permitem que isso aconteça e sempre se arrependem.

Se você está sentindo entusiasmo com relação a algo na vida, seja paciente com as pessoas que não conseguem compartilhar imediatamente sua alegria e sua empolgação. E mais: aceite que elas possam até se ressentir por causa disso. Não é uma reação bonita ou admirável, mas é simplesmente a natureza de algumas pessoas.

Acima de tudo, reconheça que não há necessidade de se apressar ou apressar os outros em qualquer aspecto da aprendizagem e do crescimento. Seja paciente com o aprendizado da paciência. Demostre essa paciência com você mesmo e com as pessoas ao redor.

Esse é um ponto especialmente importante. Lembre-se: o trabalho de Dale Carnegie sobre o desenvolvimento pessoal não foi desenvolvido somente para benefício de uma pessoa. Também foi construído para mostrar como as pessoas podem influenciar as outras positivamente. Como administrador, como alguém de classe e como amigo você pode fazer movimentos específicos para ajudar as pessoas a desenvolver a paciência.

Considere o seguinte exemplo: Rick era um funcionário sênior de uma prestigiosa firma de advocacia. Suas habilidades jurídicas eram excelentes e ele definitivamente parecia a caminho de se tornar sócio. Só havia um problema: Rick era conhecido como alguém que vivia gritando. Era extremamente impaciente com os erros cometidos por secretárias e estagiários. Quando esses erros aconteciam, ele rapidamente perdia as estribeiras. Gritava até consigo mesmo quando cometia um erro. Sarah, uma sócia da firma que supervisionava os advogados, estava interessada em ajudar Rick. Ele era um bom advogado que poderia tornar a firma mais eficaz. Sarah tinha visto muitas vezes pessoas brilhantes cujos talentos eram diluídos pela impaciência. Essas pessoas pensavam em uma velocidade muito alta e não conseguiam entender por que os outros se moviam mais devagar. Em poucos minutos, Rick era capaz de resolver palavras cruzadas que a maioria das pessoas demorava uma hora para terminar. Mas, em vez de pensar que essa era uma capacidade extraordinária da sua parte, achava que os outros eram burros. Não era uma característica agradável.

Quando Sarah tentou conversar com Rick sobre o problema, a princípio ele ficou na defensiva, mas depois concordou em trabalhar sua tendência de explodir com as pessoas. Sarah suspeitou que ele havia concordado com isso principalmente porque não queria que o temperamento explosivo atrapalhasse sua carreira jurídica, algo que poderia acontecer. Além disso, achava que ela precisaria ter um pouco de paciência para que Rick também se tornasse mais paciente.

Por experiência, Sarah sabia de alguns pontos que precisaria enfatizar com Rick. Você pode usar esses mesmos pontos ao lidar com uma pessoa impaciente. Pode usá-los até consigo mesmo.

Por exemplo, Sarah lembrava constantemente a Rick o progresso que ele havia feito e o esforço que estava demonstrando. Enfatizava o lado positivo, e não o negativo. Se Rick tivesse saído da linha na manhã de segunda-feira mas se comportado de modo diferente na tarde de terça, Sarah ignorava o primeiro caso e se concentrava no segundo.

Também disse a Rick que se preparasse para reveses e erros. Ele precisava adotar uma atitude do tipo "um dia de cada vez". Isso era difícil para Rick porque ele queria que tudo acontecesse imediatamente. Às vezes até culpava Sarah pelo que estava passando. Achava que ela não o estava apoiando, que não se importava com ele, não o entendia, não o respeitava e assim por diante.

Nesses momentos Sarah observava que era exatamente assim que as pessoas se sentiam com relação a Rick quando ele era impaciente com elas. Depois pedia a Rick que fizesse um exercício escrito que ela havia criado. A princípio ele se recusou e disse que Sarah estava tratando-o como criança. Mas, quando ela lembrou que o futuro dele estava em jogo, ele concordou.

O exercício era bem simples. Sarah pediu a Rick que anotasse as ideias e crenças que lhe ocorriam durante um dia, desde que tivessem a ver com questões de paciência e impaciência. Rick lhe deu a seguinte lista:

- *Eu deveria ser capaz de fazer as coisas em menos tempo e melhor. Todas as outras pessoas também deveriam.*
- *Eu não deveria ter que ficar me repetindo. As pessoas deveriam me entender de primeira.*

- *Por que precisa demorar tanto tempo e custar tanto esforço mudar e crescer?*
- *Eu tenho muito a realizar. Não haverá tempo para tudo.*
- *Há um modo certo e um modo errado de fazer as coisas. Por que todo mundo com quem faço contato escolhe o modo errado?*
- *Não faz diferença quanto progresso eu tiver feito se não alcançar minhas metas.*
- *Não gosto de coisas como dietas, aconselhamento e fisioterapia. Tudo isso demora demais.*
- *Como preciso ser perfeito, todas as outras pessoas precisam ser perfeitas. Se as pessoas não são perfeitas, deve ser porque não querem.*
- *Estou tentando mudar, mas vejo outras pessoas caindo de volta nos velhos hábitos. Isso deve significar que não estão se esforçando tanto quanto eu.*

Mas a última coisa que Rick escreveu foi a mais reveladora:

- *Sou um caso perdido. Não consigo mudar de jeito nenhum.*

Com o tempo Sarah conseguiu mostrar a Rick que cada um dos pontos que ele havia anotado era um erro de percepção fundamental, mas nenhum deles estava tão longe de acertar o alvo quanto o último. O motivo para isso era simples: a única coisa que Rick *poderia* mudar definitivamente era ele próprio – e, até que fizesse essa mudança, todo o resto continuaria igual. Isso porque todas as outras coisas eram não somente sua *percepção*, mas também uma *projeção* de seus problemas.

É estranho que as pessoas impacientes costumem ser tão ansiosas por desperdiçar tempo e energia com aquilo que não podem controlar – especialmente as outras pessoas. Quando se trata de paciência, o truque é mudar a si mesmo. Quando você faz isso, é incrível como todas as outras pessoas parecem diferentes.

Para encerrar este capítulo sobre a paciência com propósito, vamos colocar o foco claramente em você. Para identificar o estado atual da sua paciência, pense em como responderia às perguntas seguintes. Seria bom anotar as respostas em um caderno ou uma folha. Você pode fazer isso agora ou mais tarde. Ou pode simplesmente formular as respostas mentalmente.

Primeiro, no início deste capítulo definimos paciência do seguinte modo: *paciência é a capacidade de esperar sem sentir raiva, ansiedade ou frustração.* Você está satisfeito com essa definição ou consegue pensar em outra que funcione de modo mais eficiente para você?

Segundo, em uma escala de 1 a 10, até que ponto você é paciente quando surge um problema? É mais paciente no trabalho do que na vida pessoal ou o contrário? Consegue pensar em exemplos nas duas áreas para ilustrar sua conclusão? Se há uma grande diferença entre o trabalho e outros locais, por que você acha que isso acontece? O que você poderia fazer para equalizar essa diferença?

Novamente, em uma escala de 1 a 10, quão paciente você é consigo mesmo nas áreas da vida que percebe que tem que mudar? Utilizando a mesma escala, quão paciente você é com as outras pessoas? O que essa comparação lhe diz? Por exemplo, você é extremamente exigente apenas com você mesmo? Ou espera ainda mais dos outros? Muitas pessoas impacientes costumam justificar o que exigem dos outros. Dizem que são igualmente duras consigo mesmas. Não é surpreendente que as outras pessoas costumem discordar dessa avaliação. Se você acha que receberá uma resposta sincera, pode perguntar a colegas de trabalho ou a amigos sobre como essa equação acontece para você.

Uma questão relacionada a isso é a seguinte: como os outros reagem à sua falta de paciência consigo mesmo? Ou à sua falta de paciência com eles? Você já sofreu alguma consequência negativa por causa da sua falta de paciência? Nesse caso, como as consequências mudaram o seu comportamento? Ou você estava decidido a permanecer exatamente o mesmo?

Que sentimentos você experimenta quando está impaciente? São agradáveis ou desagradáveis? Se são desagradáveis – como costumam ser para a maioria das pessoas –, por que você acha que permanece ligado a eles? O que o impede de abrir mão deles imediatamente?

Que crenças bloqueiam sua capacidade de ser paciente? Por exemplo, você acredita que, se relaxar por um segundo, tudo vai desmoronar? Que motivo pode ter para crer nisso? Como você pode testar suas crenças com relação à paciência? Que crenças alternativas poderiam ajudá-lo a ter mais paciência tanto consigo mesmo quanto com os outros?

Essa última pergunta sobre crenças alternativas é tão importante que algumas sugestões específicas podem ser úteis. Pense nas listadas a seguir.

Aceite que tudo leva tempo – provavelmente mais tempo do que você gostaria. Isso inclui mudanças que você está tentando fazer em si mesmo. Esteja preparado para a resistência com relação a mudar velhos modos de agir, reagir e acreditar.

Reestruture sua perspectiva de passado, presente e futuro. Não fique remoendo o que deu errado ontem como um modo de justificar expectativas pouco razoáveis hoje. Pelo mesmo motivo, não fique preocupado com o que pode acontecer amanhã. Viva cada dia como um recomeço.

Em vez de tentar fazer tudo de uma vez, divida grandes metas em objetivos de curto e médio prazos.

Muitas pessoas que têm problemas de paciência são como Rick, o jovem advogado que mencionamos antes. Acham que já foram tão longe que nenhuma ajuda lhes servirá, nem mesmo a própria ajuda. Você consegue ver como isso é uma espécie de arrogância reversa? É um modo tortuoso de dizer que você é especial. Não caia nesse tipo de pensamento. Você não é o maior pecador que já viveu. Pessoas muito mais problemáticas do que você fizeram grandes mudanças na vida.

Torne-se sensível à realidade da vida dos outros. Eles estão ocupados com as próprias lutas, fraquezas, com os próprios reveses, recaídas, crises e obstáculos. Suas necessidades não são a única coisa em que as pessoas precisam pensar. E mais: suas necessidades também não deveriam ser a única coisa em que *você* precisa pensar.

É fácil aprender a ter paciência?

A resposta simples e direta é: não. A paciência é provavelmente uma das qualidades mais difíceis de dominar. O processo consome tempo e energia. Mas classe não é algo que a gente obtenha com facilidade. E não é mesmo para ser obtida com facilidade.

Vivemos numa sociedade que valoriza a gratificação instantânea. Empresas como a FedEx e a Domino's Pizza ganharam milhões de dólares porque lidaram com a questão de por quanto tempo seus clientes precisariam esperar. Isso porque, na nossa cultura, esperar equivale a sentir-se frustrado, esquecido, estressado e, acima de tudo, com raiva. Assim, aprender a ter paciência tem muitos benefícios, ainda que você vá precisar de um pouco de paciência para aprendê-los! Aqui vão algumas ideias:

Saiba a diferença entre as coisas que você controla, as coisas que você pode influenciar e as coisas sobre as quais você não tem controle nem influência. Gaste a maior parte do seu tempo e da sua atenção com coisas que você pode controlar. É aí que você pode fazer a maior diferença. Gaste o resto do tempo e da atenção com as que você pode influenciar, sabendo que elas podem não acontecer como você deseja. Abra mão das coisas sobre as quais você não tem controle nem influência. O tempo ou a atenção gastos com elas são simplesmente desperdiçados.

Viva um dia de cada vez. Trate cada dia como um presente valioso, porque ele é exatamente isso! O ontem já passou e o amanhã ainda não chegou, por isso aproveite o hoje ao máximo, porque afinal ele é tudo que você tem para trabalhar.

Aceite-se e se perdoe. Você está crescendo, aprendendo e mudando o tempo todo – ou pelo menos deveria estar. Como ser humano, mesmo um ser humano inesquecível, você cometerá erros. Supere isso e vá em frente. Perdoe-se por seus erros, suas fraquezas e imperfeições. Aprenda com eles e vá em frente.

Mude seu ponto de vista. Em vez de ficar se censurando por conta de erros passados, aceite-os como parte do que você é hoje. Classe é progresso, e não perfeição.

Planeje sua vida e siga esse plano. Tenha um plano B preparado para a hipótese de as coisas não acontecerem como você espera. Caso contrário, provavelmente irá se frustrar. Nada é mais enlouquecedor do que esperar que o telefone toque! Se você está nessa situação, provavelmente precisará de mais paciência do que tem. Assim, espere o melhor mas também se prepare para algo que não é o melhor.

Estabeleça grandes metas e em seguida dê passos pequenos. Você pode alcançar qualquer objetivo dividindo-o em passos viáveis que o mantenham motivado pelo caminho. Comemore sempre que completar um passo em direção ao seu objetivo.

Confronte seus sentimentos com relação a não alcançar seus objetivos de imediato. Lembre-se de que o mundo não foi criado em um dia. As árvores mais altas começam como sementes pequenas e demoram anos para alcançar toda a força e beleza. Cada passo que você dá irá levá-lo para mais perto dos objetivos desejados.

Evite as preocupações. Preocupar-se com o amanhã reduz a sua energia e a sua força hoje. Em vez disso, use a energia para trabalhar na direção dos seus objetivos.

Torne-se seu melhor amigo. Você é a única pessoa com a qual passará a vida toda. Assim, conheça-se bem e trate-se como o ser humano valioso que você é.

Há muitos anos o filósofo Reinhold Niebuhr escreveu as palavras que passaram a ser conhecidas como "Oração da Serenidade", cujos dois primeiros versos são:

> *Senhor, conceda-nos a serenidade necessária para aceitar*
> *as coisas que não podemos modificar*

Tudo que dissemos neste capítulo está expresso nesses primeiros versos e nos seguintes. Se você deseja sinceramente ser uma pessoa mais paciente, não se esqueça deles. Se quer ser alguém de classe, viva de acordo com eles. Se quer ser uma pessoa inesquecível, ensine-os a outras pessoas também.

12

Inteligência que vai além do intelecto

"INTELIGÊNCIA QUE VAI ALÉM DO INTELECTO"? O que isso significa?
Em uma palavra, significa *intuição*. Para muitas pessoas que se tornaram inesquecíveis, a intuição sempre foi um elemento básico do sucesso. Para ver o que isso significa, observemos um caso.

A Walt Disney Company é uma das maiores histórias de sucesso de negócios nos Estados Unidos. E desde o início a intuição representou um papel importante na empresa. Quando Walt Disney desenhou seu primeiro camundongo animado, por exemplo, queria chamá-lo de Mortimer. Para sua esposa o nome não parecia adequado e ela sugeriu mudá-lo para Mickey. Será que ela saberia explicar por que preferia o nome Mickey? Provavelmente não. Foi feita uma pesquisa de mercado para ver que nome o público preferia? Não – porque na época não existiam pesquisas de mercado. Mas Mortimer foi mudado para Mickey e o resto, como dizem, é história. Tudo aconteceu por causa de uma intuição da mulher de Walt Disney.

Várias décadas mais tarde Walt Disney pôs uma intuição sua em ação. Em 1939 havia acontecido uma gigantesca feira mundial em Nova York. Milhões de pessoas de todo o mundo compareceram. A feira foi de fato uma verdadeira ocasião histórica, mas um dia chegou ao fim. Tudo foi desmontado. Milhões de pessoas tinham comparecido, mas e quanto aos milhões que gostariam de ir e não foram? E as pessoas que foram mas poderiam querer voltar? Era tarde demais para elas. A feira havia terminado para sempre.

Em meados da década de 1950, Walt Disney teve a ideia de criar uma versão permanente da feira mundial. As pessoas poderiam ir quantas vezes quisessem no correr de vários anos ou mesmo de toda uma vida. Ninguém precisaria ir à feira em uma data específica, mas, com o tempo, um número gigantesco de pessoas passaria por lá. Toda uma geração iria visitá-la e um dia traria seus filhos, e as visitas continuariam para sempre.

Essa foi a invenção do que passou a ser conhecido como parque temático, mas na época era apenas uma intuição de Walt Disney. Ele não tinha estudos de viabilidade ou pesquisas demográficas. Tinha acesso a algumas terras no sul de Los Angeles, mas nem de longe possuía dinheiro para construir o projeto. Além disso, ninguém queria investir na intuição de Walt Disney. Os bancos recusaram. Parecia que aquele sonho jamais seria realizado.

Mas Disney teve uma ideia para resolver o problema. Procurou executivos da American Broadcasting Company com uma proposta. Em troca do investimento deles no parque, Walt Disney criaria um programa semanal de TV chamado – que surpresa! – *Disneyland*. O programa mostraria desenhos animados e filmes sobre a natureza com animais de todo o mundo. E a melhor parte era a seguinte: cada programa mostraria relatórios de progresso sobre a construção do parque no sul da Califórnia. Esse plano teve um sucesso gigantesco – assim como a Disneylândia, desde o dia da sua inauguração em 1955.

É interessante observar que a inteligência, como geralmente é entendida, não representou quase nenhum papel nessa história. Certamente os investidores que rejeitaram o conceito da Disneylândia não se comportaram com inteligência. Se o tivessem feito, duas coisas importantes poderiam ter acontecido com eles. Poderiam ter notado que o sistema de autoestradas interestaduais estava sendo construído, o que daria às famílias americanas mais mobilidade do que nunca, e o crescimento do setor de aviação faria o mesmo. Mas isso não ocorreu aos administradores financeiros que recusaram a ideia de Walt Disney, o que foi um erro. Mas um erro ainda maior foi deixar de ver o imenso crescimento populacional que estava acontecendo depois da Segunda Guerra Mundial. Entre 1946 e 1964 a geração *baby boom* estava surgindo: nasceram mais de 70 milhões de crianças e uma porcentagem gigantesca delas visitaria a Disneylândia em algum momento. Mas nenhum banqueiro ou analista financeiro pensou nisso, apesar de serem profissionais experientes e altamente treinados.

Espantosamente, Walt Disney também não pensou nisso. Ele não estava concentrado nas mudanças demográficas, no setor de aviação ou no sistema de vias expressas. Só queria uma feira mundial permanente – porque odiava a ideia de as feiras mundiais anteriores terem terminado. Queria que sua feira mundial permanente reproduzisse perfeitamente o aspecto da rua principal de uma cidade pequena – porque odiava a ideia de que a cidadezinha da sua infância tivesse desaparecido. O curioso, claro, é que a cidadezinha da infância de Walt Disney jamais existiu, mas isso é outra história. O fato é que o intelecto não ajudou as pessoas que rejeitaram a ideia de Disney, assim como o intelecto não estava por trás da criação da ideia, para começo de conversa.

Foi apenas um lampejo de intuição no cérebro de Walt Disney, ou mais provavelmente em seu *coração*. Foi apenas um pressentimento.

Talvez você ainda não tenha tido uma ideia como a da Disneylândia, mas conhece o poder intuitivo que a tornou realidade. Pode chamá-lo de intuição, insight, ideia luminosa ou inspiração súbita, mas quantas vezes você teve um sentimento forte – positivo ou negativo – sobre um serviço, um colega de trabalho, um negócio potencial? Quantas vezes encontrou subitamente a resposta para uma pergunta que você nem sabia que estava fazendo? E, se você é como a maioria das pessoas, às vezes sua resposta estava correta. Há uma boa chance de você considerar que foi coincidência. Mas também há uma boa chance de você não estar completamente satisfeito com essa explicação.

Todos temos lampejos de intuição, mas os ignoramos ou desconfiamos deles como se fossem distrações irracionais ou inúteis. Todos temos capacidades interiores, mas precisamos dar-lhes o valor que elas merecem, nem mais nem menos. Neste capítulo você aprenderá a diferença entre ignorar seus poderes intuitivos e acreditar cegamente neles. Verá como aproveitar ao máximo a intuição sem levá-la a sério demais. Aprenderá a descobrir ideias que vão além da inteligência convencional e verá por que a capacidade de fazer isso é uma qualidade importante de um ser humano inesquecível. A intuição não é somente um truque de festa, é uma forma única de poder pessoal que merece sua atenção.

Para ver como isso funciona no mundo real, vamos examinar um dos ramos de atividade que cresceram mais rapidamente nos Estados Unidos nos primeiros anos do século XXI: o setor da segurança, que proporciona proteção contra ataques terroristas a locais corporativos e públicos. Atualmente todo mundo é familiarizado com o aumento das verificações de segurança nos aeroportos. Mas, se você esteve em Nova York ou em outra cidade grande, sabe que entrar em um grande prédio de escritórios é tão complicado quanto embarcar em um avião. Você precisa esvaziar os bolsos e passar por detectores de metal, em seguida recebe um passe que expira depois de um tempo específico.

As empresas do ramo de segurança investiram muito pensamento e dinheiro em maneiras de simplificar esse processo. Milhões de dólares iriam para qualquer empresa que inventasse uma tecnologia de busca mecânica ou eletrônica que fosse rápida e confiável. Muitos métodos engenhosos continuam sendo testados, inclusive impressão palmar, analisadores de voz e até cães treinados para farejar o medo ou a raiva.

Mas todas essas técnicas têm um problema. Assim como pessoas inteligentes estão criando novas tecnologias de segurança, pessoas inteligentes também estão pensando em maneiras de ludibriá-las. Muitas das mentes que mais se dedicam a pensar sobre como derrotar as verificações de segurança são empregadas pelas próprias empresas de segurança. Elas buscam constantemente maneiras de burlar os dispositivos eletrônicos mais avançados. E mais, essas maneiras sempre existem. Qualquer dispositivo pode ser burlado – e só precisa ser burlado uma vez.

Com todas as tecnologias apresentadas até hoje, só existe um sistema de triagem de segurança que não pode ser derrotado consistentemente se for bem empregado. Esse sistema é um ser humano treinado e especializado, e de preferência mais de um. Os atacantes potenciais podem conseguir penetrar nas barreiras mais bem construídas, mas mesmo assim podem ser descobertos pela intuição de um homem ou de uma mulher diligente. Em um ramo que se tornou lucrativo e de alta tecnologia, a última e melhor linha de defesa ainda são os olhos e os ouvidos de uma pessoa.

Considere o seguinte: imagine que você quisesse construir uma máquina capaz de duplicar o desempenho de um *outfielder* em um time da principal liga de beisebol. A máquina precisaria de capacidades mecânicas e eletrônicas avançadas. Precisaria detectar e rastrear uma bola saindo do taco. Precisaria calcular instantaneamente o ponto em que a bola bateria no chão. Depois precisaria se mover rapidamente em direção ao ponto para pegar a bola. Em seguida a máquina precisaria jogar a bola na direção da *home plate* com a trajetória exata. O caminho da bola precisa ser traçado com exatidão, de modo que o corredor possa ser tirado do jogo antes de marcar ponto.

Deixando de lado os desafios mecânicos para construir uma máquina assim, certamente seria necessária uma equipe de matemáticos e físicos só para examinar todos os vários arcos e ângulos.

Mas Mickey Mantle não era matemático. Willie Mays não era um cientista da computação. Nenhum desses jogadores parava para avaliar logicamente o que estava fazendo quando lançava uma bola do *outfield*. Eles realizavam operações extremamente complexas por instinto, e não pela razão ou pela inteligência. Eles sentiam como deveriam pegar uma bola. Sentiam como deveriam jogá-la. Se você perguntasse como faziam isso, eles não seriam capazes de dizer. Mas certamente poderiam mostrar.

Uma importante escola de administração estudou 2 mil CEOs cujas empresas tinham dobrado os lucros nos últimos cinco anos. Desses, 80% informaram que contavam com abordagens intuitivas para tomar decisões importantes. Eles estudavam todas as informações relevantes e os dados disponíveis, mas ainda assim chegavam às conclusões com base em fatores que não podiam ser quantificados.

Assim, frequentemente a melhor decisão é uma intuição que desafia a lógica. É um sentimento interior ou um lampejo de ideia que traz a melhor solução. Os profissionais que são pensadores racionais e ao mesmo tempo tomadores de decisões intuitivos têm melhores resultados no mundo real. Eles têm uma vantagem nítida para enfrentar desafios e resolver problemas. Como você aprenderá, é possível dar passos claros para se juntar a eles.

Imaginemos três exemplos de pessoas que têm abordagens muito diferentes à tomada de decisões. Vamos chamar nossa primeira pessoa de

Steve. Ele tem uma visão pouco crítica do mundo e gosta de pensar que isso é intuição. Steve diz:

"Não preciso gastar muito tempo pensando nas coisas. Confio na minha intuição. Algumas pessoas são muito inteligentes, mas isso não tem grande utilidade. Elas pensam exageradamente em tudo. Eu tenho um sexto sentido que me leva na direção certa – e, se ele me levar na direção errada e eu me encrencar, ainda confio no meu sexto sentido para sair da encrenca."

Steve não vê nenhum motivo para intelectualizar a vida. Diz a si mesmo que confia nas suas intuições, mas em geral sua intuição o leva pelo caminho que demanda menos esforço. Na verdade ele aceita as coisas como elas chegam. Como consequência, Steve pode ser vulnerável diante de indivíduos mais sofisticados e manipuladores. Às vezes sua abordagem passiva o faz parecer impotente e inadequado, mas também agradável de um jeito infantil. Isso pode levar as pessoas a fazer coisas por Steve, talvez porque sintam pena dele.

Nosso segundo exemplo chama-se Laurie. Ela tem uma abordagem muito diferente:

"Quando preciso tomar uma decisão, penso nela pelo maior tempo possível. Concentro-me especialmente nas coisas que possam dar errado quando examino determinada linha de ação. Às vezes meu pensamento cauteloso demora tanto a avaliar as opções que, quando finalmente me decido, elas já desapareceram. Mas talvez isso fosse exatamente o que eu queria. Acho que me sinto mais confortável com o pensamento do que com a ação. Posso perder algumas oportunidades boas, mas pelo menos evito alguns erros crassos."

Laurie valoriza o pensamento lógico e quanto mais faz isso, mais o valoriza. Como ela mesma admite, frequentemente valoriza mais o pensamento do que a ação. Laurie é um caso clássico do que Zig Ziglar chama de "paralisia por análise".

Nossa terceira pessoa se chama Brian. Ele diz:

"Eu tento pensar com cuidado nas minhas decisões, mas às vezes ainda ajo impulsivamente. Se alguma coisa é arriscada demais e eu não sei para onde ir, posso até jogar uma moeda para tomar a decisão. Ou talvez apenas siga o caminho que pareça mais adequado no momento. Se uma decisão parecer equilibrada dos dois lados, provavelmente o mais importante seja seguir a escolha que você fez. Haverá vantagens e desvantagens de ambos os lados, portanto o melhor é perceber que você não ficará de todo feliz ou infeliz. Você simplesmente tenta se sentir confortável com o resultado."

Brian contrasta de modo interessante com Laurie e Steve. Como Laurie, Brian valoriza o poder do pensamento racional. Mas, diferentemente de Laurie, não é *só isso* que ele valoriza. Brian também lembra Steve na importância que dá à intuição, mas não deixa que isso se transforme em fatalidade e passividade. Brian conhece os limites da lógica e da intuição. Tenta usar as duas, mas também sabe que às vezes nenhuma delas lhe dará uma resposta rápida e completa. É então que você precisa tomar a melhor decisão que puder e em seguida viver com a decisão que tomou. Uma pessoa de classe sabe que às vezes as coisas não terão um resultado tão bom quanto esperava. Quando isso acontece, as pessoas inesquecíveis sabem aproveitar do melhor modo possível. Além disso, elas confiam que as coisas acontecerão de modo diferente da próxima vez. E às vezes as coisas não só acontecem de modo diferente como também de maneiras que você jamais havia esperado.

Aqui vai um exemplo. Na década de 1960, James Watson e Francis Crick eram dois jovens biólogos pesquisadores da Universidade de Cambridge, na Inglaterra. Estavam tendo dificuldade para entender a estrutura molecular do DNA, o código genético que é a base da vida na Terra. Tratava-se de uma das questões mais importantes na história da ciência. Watson e Crick exploraram muitas possibilidades diferentes para a estrutura do DNA, mas nenhuma se mostrava correta. Por isso continuaram tentando. Era um processo tremendamente frustrante, mas não desistiram.

Até que, uma noite, Francis Crick sonhou com uma cobra enrolada. Quando acordou pensou no sonho e viu que a cobra havia revelado uma ideia nova para a estrutura molecular. Incrivelmente, quando Crick e Watson testaram a ideia, ela se mostrou correta. Depois de anos de trabalho intelectual, a solução chegou através da sabedoria intuitiva de um único sonho. O mundo mudou e Watson e Crick ganharam o Prêmio Nobel.

Mas um fato crucial precisa ser entendido. Crick jamais teria aquele sonho se não estivesse pensando tanto no problema. Não foi coincidência que ele, e não outra pessoa, tivesse um sonho sobre a estrutura do DNA.

Ele havia se esforçado com o pensamento consciente. É aí que o aspecto de "classe" dessa história se revela. Ter o sonho não foi um ato de classe, mas tornar-se a pessoa que iria tê-lo foi, sem dúvida. Ao realizar um esforço tão continuado em um período de tempo tão longo, a energia inconsciente de Crick foi mobilizada. A eletricidade esteve sempre na parede. Ele só precisava se preparar para apertar o interruptor.

Você também pode se preparar. E desenvolver a intuição não é tão difícil quanto possa parecer. Todos a temos e ela está sempre funcionando, pedindo constantemente para ser expressada. Só precisamos nos preparar de modo que a intuição se revele. Em seguida precisamos reconhecer o poder que nos foi dado e usá-lo bem. É apenas uma questão de enxergar a importância da intuição sem pensar que só ela importa.

Desenvolver a intuição significa acessar informações intuitivas de forma não bloqueada – sem interrupção, confusão ou análise racional, que podem atrapalhar. Na vida cotidiana somos treinados para ser lógicos e objetivos. Somos alertados para suspeitar de ideias que não possam ser verificadas. Passamos a acreditar que tudo pode ser explicado de modo racional e científico. Se você parar por aí, pode ser uma pessoa inteligente, mas nunca será uma pessoa *inspirada*. Você pode estar em contato com todas as muitas coisas que a lógica pode explicar, mas não irá se conectar com o que está além da lógica.

É fácil começar a valorizar a intuição. Na próxima vez que receber um telefonema, espere um segundo antes de atender. Pergunte-se quem pode estar do outro lado da linha. Tente fazer isso rapidamente. Não deixe o telefone ficar tocando enquanto você permanece parado avaliando as possibilidades. Só faça uma rápida investigação mental e veja o que lhe vem à cabeça. Pode nem ser um nome. Pode ser a lembrança de algum incidente que envolveu uma determinada pessoa. Pode ser a imagem de um objeto associado a um indivíduo específico.

O telefone não é o único modo de treinar o pensamento intuitivo. Manter um diário é provavelmente o exercício mais valioso de todos. Mas, antes de sair correndo e comprar um caderno, saiba que não é fácil manter um diário que valha a pena. É preciso disciplina para preencher uma ou duas páginas todos os dias e depois você precisará refletir sobre o que escreveu para ver que ideias lhe ocorrem. Lembre-se: Francis Crick não teria sonhado com a estrutura do DNA se antes não tivesse trabalhado tão duro. Caso contrário, se tivesse sonhado, não teria entendido o sonho. Assim, prepare-se mentalmente com rapidez para escrever em um diário do mesmo modo como se prepararia para qualquer outra tarefa importante. Porque, se não fizer a preparação, a tarefa não será significativa.

Use o diário para capturar suas ideias, observações e percepções. Anote sonhos, sentimentos e intuições. Se no dia seguinte você tiver uma reunião profissional com pessoas desconhecidas, tente adivinhar qual será a aparência delas e como elas abordarão o negócio que planejam realizar. Anote ideias e mantenha um registro das decisões que você tomar com base nelas. Verifique ocasionalmente quais de suas intuições estavam corretas. Ao manter um registro você poderá avaliar a precisão e possivelmente aumentá-la.

À medida que praticar os exercícios de intuição, lembre-se: você está trabalhando para despertar algumas faculdades que podem ter ficado adormecidas por muito tempo. Não fique desencorajado se os resultados não aparecerem de imediato. Faça um esforço contínuo e você poderá se espantar com os resultados.

Fazer a conexão entre intuição e intelecto não precisa ser difícil. Provavelmente essa conexão já existe na sua mente e no seu coração. Mas aqui vai uma observação importante: a maioria das pessoas faz isso *de trás para a frente*. Tenta escrever com a extremidade errada do lápis. Tenta ligar o carro desligando o motor. Pior ainda, elas provavelmente nem sabem disso.

A maioria das pessoas está convencida de que *em primeiro lugar* precisa lidar com as questões materiais da vida. Por exemplo, elas precisam ficar *ricas*! Precisam ter dinheiro no banco! Precisam ter carro, casa e poupança. Depois, e não antes, estarão prontas para lidar com os elementos intangíveis da vida. Acham que os intangíveis são a parte indistinta. As coisas materiais são as realidades sólidas. Valorizam um lado mais do que o outro. Mas não deveria ser uma questão de escolher um dos lados. É muito mais importante valorizar seus dois lados – o de dentro e o de fora – e fazer com que eles trabalhem juntos.

Queremos cuidar do lado de fora primeiro e só depois cuidar do lado de dentro. E o que acontece? Trabalhamos e trabalhamos para assumir responsabilidades maiores, obter títulos mais prestigiosos e, acima de tudo, para ganhar *mais dinheiro*. Pensamos que, assim que isso for conquistado, todo o resto estará no devido lugar. É um erro. O alicerce do sucesso não é pensar que o lado de dentro vem antes do de fora – ou vice-versa. Ser alguém de classe não é questão de sentimento acima do intelecto ou da mente acima do coração. Tornar-se inesquecível significa que todas as suas partes estão trabalhando juntas.

Para encerrar este capítulo, aqui vai uma história que vale a pena ter em mente. Um rapaz chamado Bob estava decidido a fazer contato com seus poderes inspiradores interiores. Ele meditava intensamente para desenvolver a intuição. Queria ser capaz de enxergar o futuro, mas não estava fazendo isso só para se divertir. Estava decidido a ganhar na loteria usando a intuição. Semana após semana ele se desapontava.

Um dia Bob foi tomar café com um amigo. Durante a conversa falou sobre como sua intuição o estava frustrando.

– Eu recebo uma imagem forte do número que vai ganhar e isso jamais se confirma. Sei que a intuição é uma força tremendamente poderosa e estou fazendo todo o possível para dominá-la. O que preciso fazer para ganhar na loteria?

Bob estava obviamente sentindo uma tremenda dor emocional. Seu amigo o encarou por um momento e disse:

– Bob, talvez fosse bom você comprar um bilhete.

Os limites da intuição

Vimos que você provavelmente sabe mais do que imagina. Mas isso não significa que saiba tudo!

Um grande erro de muitos executivos e administradores é se reunir com clientes tendo uma ideia preconcebida do que a outra pessoa necessita. O primeiro passo para saber o que as pessoas querem é perguntar a elas. Ainda que alguns dos seus clientes e membros da sua equipe possam ter apenas uma ideia superficial daquilo que os negócios deles necessitam, há aqueles que realmente se esforçaram e têm uma ideia bastante profunda do que precisam de você.

Já dedicamos um capítulo inteiro à importância de escutar. Por vezes escutar o que as pessoas lhe dizem revela caminhos para servir às necessidades delas. Ouvir com atenção pode ajudá-lo a descobrir outras necessidades subjacentes das quais as pessoas nem tenham consciência. Mas se você entrar em uma reunião com clientes e sugerir que conhece melhor do que eles as necessidades dos negócios deles – bom, você não deve ter esperanças de ir muito longe.

Vamos examinar essa questão estritamente em um contexto empresarial. Outro modo de descobrir as necessidades do cliente é pesquisar em blogs e fóruns relevantes na área e ver que problemas outras empresas do mesmo ramo estão enfrentando. Isso lhe dará mais conhecimento e compreensão sobre o negócio dos seus clientes. Quanto mais você souber sobre o que eles enfrentam, mais será capaz de lhes proporcionar aquilo de que eles realmente precisam.

A não ser que você tenha a sorte de estar em um nicho único, outras empresas provavelmente fornecem um produto ou serviço semelhante ao seu. Para descobrir o que seus clientes procuram, veja o que seus concorrentes estão oferecendo. Algumas empresas gastam recursos significativos pesquisando quais são as necessidades dos clientes e você pode pegar carona nos esforços delas. Veja o que essas empresas estão fornecendo e, se necessário, adapte sua oferta de produto para garantir que seja realmente competitivo.

Muitas vezes fornecer um serviço ou produto abre oportunidades para oferecer mais serviços. À medida que você desenvolve a confiança dos clientes, eles podem ficar mais dispostos a ouvir sugestões ou até pedir sua opinião sobre que outras coisas você pode fornecer. Você talvez esteja em condições de oferecer serviços relacionados que não tinham sido pensados antes ou que eram fornecidos por outra empresa. E essas novas oportunidades podem levar a outras tantas mais.

A chave para descobrir as necessidades dos clientes começa com a disposição de ouvir de fato o que eles têm a dizer. Quanto mais você ouve e descobre, mais será capaz de oferecer sugestões e guiá-los até a raiz das necessidades deles.

E quanto mais você fizer isso, mais inesquecível será.

13

Resiliência sem arrependimento

RESILIÊNCIA É UMA PALAVRA QUE VEM tendo um uso cada vez maior no mundo moderno. Resiliência é a capacidade de se recuperar da adversidade e de se adaptar rapidamente a ela. Os psiquiatras e educadores costumam usar essa palavra ao falar sobre crianças que passaram por famílias disfuncionais ou por outras formas de trauma. Os ambientalistas falam da resiliência de uma região que passou por secas ou grandes tempestades.

Resiliência também se tornou uma palavra importante nos negócios e nos círculos corporativos. Em tempos menos turbulentos os executivos podiam presumir que os modelos de negócios praticamente durariam para sempre. As empresas sempre trabalhavam para melhorar, mas poucas vezes trabalhavam para ser diferentes. Não precisavam repensar seu motivo essencial para existir. Mas hoje mudanças substanciais são de extrema importância, não somente para empresas como um todo, mas também para as pessoas que as compõem. Coletiva e individualmente, o sucesso não depende mais do ímpeto ou da fatia de mercado. Ele exige resiliência: a capacidade de se reinventar por inteiro à medida que as circunstâncias mudam.

Nesse sentido, resiliência é mais do que reagir a uma crise específica ou se recuperar de um revés. É prever e se ajustar o tempo todo às mudanças nas tendências. Empresas, pessoas e talvez até mesmo países que não mudam podem perder influência rapidamente. Isso apresenta alguns desafios para todos nós, mas a resiliência parece ser uma capacidade humana inata. A capacidade de se recuperar com rapidez é mais forte em algumas pessoas do que em outras, mas você pode reforçar sua resiliência assim como pode aumentar seus músculos ou sua conta bancária. Criar essa força é essencial para qualquer um que queira ser uma pessoa de classe. Classe é a capacidade de encontrar energia extra depois de as reservas terem sido esgotadas. Pesquisas mostram que, até certo ponto, essa é uma capacidade inerente. Sua responsabilidade é maximizá-la todos os dias.

Para isso, o primeiro passo é a autoavaliação. Pesquisas mostram que determinadas condições na vida das pessoas as ajudam a ser resilientes. Ouça os dez grupos de perguntas a seguir e responda sim ou não. Quanto mais vezes você responder sim, mais recursos você tem para se recuperar de problemas e reveses. Quando responder não, pense nas mudanças que precisa fazer e como se planejar para realizá-las.

1. Você tem na sua vida várias pessoas que lhe dão amor incondicional e que ouvem sem julgar, pessoas que estarão "presentes para você" mesmo em momentos difíceis?

2. Você está envolvido em uma escola, uma empresa, uma organização espiritual ou em outro grupo em que se sente apoiado e valorizado? Sente uma conexão emocional com várias pessoas no seu trabalho ou na sua vida profissional?

3. Você está com boa saúde e em condições físicas adequadas? Evita comidas e bebidas pouco saudáveis? Está dormindo e se exercitando o suficiente?

4. Você tem pessoas que acreditam na sua capacidade de sobreviver, ter sucesso e prosperar? Você recebe encorajamento e reforço positivo dessas pessoas regularmente?

5. Independentemente do que os outros possam pensar, você tem fé em *si mesmo*? De modo geral você se sente otimista quanto à sua capacidade de alcançar seus objetivos – mesmo quando enfrenta problemas?

6. Você sente que suas opiniões e decisões são ouvidas e valorizadas nos seus relacionamentos pessoais mais íntimos?

7. Suas ideias são ouvidas, respeitadas e frequentemente aceitas no seu ambiente profissional?

8. Você se oferece para ajudar os outros na sua comunidade e no mundo? Isso pode significar doar seu tempo através de uma organização comunitária ou espiritual ou fazer doações financeiras regulares para instituições de caridade.

9. A maioria dos seus relacionamentos com amigos e familiares tem limites claros, proporcionando respeito mútuo, independência pessoal, cada pessoa dando e recebendo? Você estabelece e mantém limites para si mesmo dizendo "não" quando precisa dizer?

10. Em termos gerais, você é uma pessoa otimista? Acredita que as coisas costumam melhorar?

Se respondeu "sim" à maior parte dessas perguntas, você parece ter um forte sistema de apoio em várias áreas da vida. Você tem pessoas e organizações com as quais pode contar quando precisa. Além dos recursos externos, as pessoas também superam dificuldades através de qualidades interiores. O que apresentaremos a seguir pode ser considerado uma "lista de resiliência pessoal". É provável que ninguém possua todos os elementos dessa lista. Você pode ter três ou quatro dessas qualidades que usa mais naturalmente e com maior frequência. Mesmo assim, talvez nunca tenha identificado com clareza esses atributos em sua mente. É útil reconhecer seus principais elementos de desenvolvimento de resiliência e também é importante desenvolver outros ao máximo.

Existem sete desenvolvedores de resiliência pessoal. À medida que cada um deles for descrito, pergunte-se com que intensidade ele está presente na sua vida: forte, mediana ou se é uma área relativamente fraca que você talvez possa desenvolver.

Podemos chamar a primeira qualidade de sociabilidade. Até que ponto você é bom em ser amigo e formar relacionamentos positivos?

A segunda característica é o humor. Isso não significa que você conte piadas o tempo todo, e sim enxergar o elemento cômico na vida. Também significa ser capaz de rir de si mesmo até em circunstâncias sérias.

A terceira é o discernimento. Você acha que tem uma compreensão acima da média sobre as pessoas e as situações? Você acha que costuma ver coisas que os outros não percebem?

A quarta chama-se distanciamento adaptativo. Em geral você é capaz de reconhecer pessoas e situações negativas e se distanciar delas?

A quinta característica é a flexibilidade. Até que ponto você se ajusta às mudanças? Você é capaz de se dobrar sem se quebrar em situações desafiadoras?

A sexta é a competência pessoal. Existe algo em que você seja realmente bom, algo que lhe dê autoconfiança e energia renovadas?

A sétima característica, talvez a mais importante em termos de resiliência, é a perseverança. Até que ponto você é capaz de continuar tentando apesar das dificuldades? Você costuma desistir depressa demais? Ou devagar demais? Ou nunca?

Até aqui apresentamos algumas perguntas. Se você as respondeu com sinceridade, deve ter uma avaliação bastante precisa das suas fontes de resiliência externas e interiores. Isso é apenas o começo. Agora você precisa desenvolver os recursos que possui e iniciar os que não possui. A hora de fazer isso é *agora*. A antecipação é provavelmente o maior desenvolvedor de resiliência que existe. Reconhecer que as coisas podem dar errado é importante, mas isso não ajuda muito se não motivar a ação.

Portanto, ouça atentamente. Aqui vão sete maneiras de desenvolver a resiliência, tanto durante uma crise quanto antes de a crise ocorrer. Em outras palavras: agora mesmo.

Primeiro faça conexões. Conheça pessoas novas – o máximo de pessoas possível. Não faça julgamentos sobre isso. Não encontre um modo de cancelar um almoço com o amigo de um amigo só porque não vê como essa pessoa pode ajudá-lo. Pelo contrário, esse é um bom motivo para ir ao encontro. Você não vê como as pessoas podem ajudá-lo, mas depois de conhecê-las seus olhos podem se abrir. Ou talvez elas não possam ajudá-lo agora, mas, quando as condições mudarem, isso também pode mudar. Por fim, sempre há a possibilidade de alguém de classe como *você* ter condições de ajudar *essas outras pessoas*. Você pode ser capaz de se tornar inesquecível.

Segundo, evite enxergar uma crise como um problema intransponível. Não a transforme em uma catástrofe. Depressa: pense no que o preocupava há dois anos. Era tão terrível quanto parecia na época? O mundo acabou ou você ainda está aqui? E há três anos? Você consegue ao menos lembrar? O que isso lhe diz?

Terceiro, aceite que a mudança, tanto positiva quanto negativa, faz parte da vida. A flexibilidade é a chave, em especial porque o que parece negativo pode ser muito diferente amanhã. Como diz a música "The Gambler", de Kenny Rogers, falando sobre o pôquer: "Toda mão é vencedora e toda mão é perdedora." A característica de uma pessoa de classe é saber jogar uma mão ruim. Com a exceção de uma tragédia genuína, praticamente tudo na vida tem um lado positivo. Resiliência significa sobreviver ao lado negativo, depois reconhecer o positivo e se aproveitar dele. É fácil? Não – e não é para ser.

Quarto, caminhe com firmeza e consistência na direção dos seus objetivos, mesmo diante da adversidade. E também aja de modo decisivo agora mesmo para acabar com a adversidade. Quando Thomas Watson era presidente da IBM, nada o incomodava tanto quanto a inação durante uma crise. Uma vez ele entrou em uma reunião com seus principais executivos e descobriu que eles estavam esperando sua chegada antes de tomar qualquer decisão. Watson ficou furioso. Declarou: "Façam qualquer coisa, mas façam alguma coisa! Se fizerem a coisa certa, maravilhoso. E, se fizerem a coisa errada, nós consertamos!"

Quinto, busque oportunidades de autodescoberta. Visualize o seguinte: sua filhinha quer uma nova casa de bonecas no Natal. Ela pede, implora, chora. Como resistir? Você compra a casa de bonecas. É cara, mas essa não é a grande surpresa. A grande surpresa é que você precisa montá-la. São umas quinhentas peças e sua filha observa com paciência – ou impaciência – enquanto você tenta descobrir onde cada uma se encaixa. A tarefa dura seis ou sete horas. O que você aprendeu no fim do dia? Uma pessoa comum diria: "Aprendi a montar uma casa de bonecas." Uma pessoa de classe diria: "Aprendi que tenho muito mais paciência do que jamais imaginei."

Em seguida mantenha as coisas em perspectiva. Imagine que você está nadando no mar a uns 18 metros da praia. De súbito sente uma correnteza forte puxando-o para longe. O que você faz? A maioria das pessoas começa a lutar contra a corrente, o que não adianta, claro, porque a água é muito mais pesada e mais forte do que qualquer ser humano. Todos os anos isso provoca um grande número de afogamentos porque as pessoas se exaurem e por fim afundam. Como qualquer salva-vidas irá lhe dizer, a atitude certa é relaxar e deixar a corrente agir. Ela não vai levar você até a China. Talvez o leve mais 30 metros para fora. E daí? Depois você pode nadar de volta. Enquanto isso – a menos que você tenha sido insensato a ponto de nadar em uma praia deserta –, alguém verá o que está acontecendo e conseguirá ajuda. É só uma questão de manter a cabeça no lugar. Não reaja com exagero. As coisas não são tão ruins quanto parecem, a menos que você contribua para que piorem!

Por fim, certifique-se de ter descanso, comida, apoio e até mesmo risos em quantidade suficiente. Resumindo: cuide-se. Mesmo em uma crise, arranje tempo para fazer o que você gosta e o que traga relaxamento. Os exercícios físicos são especialmente importantes. Cuidar-se ajuda a manter a mente e o corpo prontos para enfrentar alguma situação que exija resiliência.

Os melhores modos de desenvolver resiliência irão variar de pessoa para pessoa. A chave é identificar ideias com probabilidade de dar certo para você. Até agora examinamos ações táticas que você pode usar quando houver uma crise ou quando souber que há grande chance de isso acontecer. Daqui a pouco examinaremos os alicerces mais profundos para a construção da resiliência.

Quando as pessoas se sentem esmagadas pelas adversidades, isso pode gerar pensamentos depressivos e ações autodestrutivas. Em geral há pistas quando esse processo começa a acontecer, mas nem sempre as pistas são percebidas – mesmo por quem as está criando. Quando as pessoas sentem dor, podem ficar com vergonha. Isso pode fazer com que tentem esconder as emoções ou apresentá-las de modo disfarçado. Assim, esteja alerta quando ouvir declarações como as seguintes, e esteja especialmente alerta se você se pegar afirmando algo do gênero:

"Parece haver muito mais problemas do que soluções."

"Sinto que as coisas estão fugindo do controle."
"Sinto que não consigo mesmo mudar o que acontece na minha vida."
"Não sei se ainda me importo."

E a matriz de todas elas já foi citada em um capítulo anterior: "De que adianta?"

Se você está tendo sentimentos assim, não quer dizer que não seja uma pessoa de classe. Quer dizer que está em crise e que precisa de acesso a alguma resiliência. Às vezes o problema pode estar tão enraizado que você precise de ajuda profissional. Mas frequentemente muita coisa pode ser feita pelas próprias pessoas. Como já mencionamos, quanto antes os alicerces da resiliência forem construídos, melhor você ficará.

Muita gente não teve a oportunidade de desenvolver os blocos de construção da resiliência. Felizmente não é tarde demais para fazer isso agora, e um bom modo de se tornar inesquecível é ajudar alguém com relação a isso. As pessoas podem aprender a reagir aos obstáculos com resiliência, e não com depressão.

Isso exige criar um alicerce para a resiliência usando cinco elementos-chave: *confiança, independência, iniciativa, energia* e *identidade*. Vamos examinar um por um.

Confiança significa acreditar nas outras pessoas e contar com elas. A confiança começa no nascimento e fica mais forte ou mais fraca à medida que a vida prossegue. A princípio não temos opção além de confiar a terceiros a nossa alimentação e a nossa proteção. Caso essa confiança não possa ser depositada em outras pessoas, o impulso de confiança enfraquece – e agora temos uma escolha. Podemos optar por não confiar nas pessoas ou no mundo como um todo e até por não confiar em nós mesmos.

Quando a confiança é fraca ou ausente em alguém, várias coisas podem começar a acontecer, e nenhuma delas é boa para o indivíduo, para seu empregador ou para você, se você for colega ou gerente dessa pessoa.

Por exemplo, se as pessoas acham que não conseguem confiar em si mesmas para realizar e ter sucesso, podem tentar se proteger do fracasso inevitável. Podem se tornar dependentes. Podem querer que você faça as coisas por elas porque presumem que você é melhor do que elas e irá protegê-las. Ou podem ir na direção contrária e se tornar dominadoras e agressivas.

É bastante provável que você já tenha lidado com alguém que possui personalidade controladora. Alguém que parece decidido a dizer a todo mundo o que fazer, como fazer, quando fazer e assim por diante. Esse tipo de personalidade é claramente baseado na falta de confiança. Ele resulta da premissa de que todo mundo é incompetente, hostil e talvez até perigoso. Com efeito, uma pessoa controladora diz: "Para impedir que você falhe comigo ou talvez até me prejudique, preciso controlar você."

Mas o problema é que o controle total do entorno físico e humano é impossível. Assim, as pessoas controladoras precisam se tornar mais controladoras ainda. Quando não conseguem, não têm resiliência porque colocaram todas as suas apostas no cesto do controle e isso não deu certo. Fim de jogo.

Portanto, a capacidade de confiar é um bloco de construção fundamental para a resiliência. É do seu interesse, e do interesse da sua organização, ajudar as pessoas a encontrar a confiança. Como alguém de classe, você tem a oportunidade de lhes dar esse importante elemento-chave. Como é possível fazer isso? É simples e lógico. Você ajuda os outros a desenvolver a confiança sendo confiante. Faz isso sendo confiável, respeitando cada indivíduo, não traindo a confiança e em dezenas de outros modos. Então, depois de ter estabelecido uma relação de confiança com os outros, você pode ajudá-los a desenvolver habilidades que lhes possibilitem encontrar outras pessoas em quem confiar. Você se tornou inesquecível aos olhos dos outros e agora pode lhes mostrar como encontrar outras pessoas inesquecíveis.

Lembre-se da seguinte fórmula: o modo de se tornar confiante é trazer pessoas dignas de confiança para a sua vida. O modo de ajudar outras pessoas a desenvolver a confiança é ser digno de confiança.

Um segundo elemento-chave da resiliência é a *independência*: o *desejo* de tomar as próprias decisões, tanto nos bons quanto nos maus momentos, e a *capacidade* de tomar decisões corretas com mais frequência. Aqui há um paradoxo interessante. A independência se torna mais forte com o sucesso, mas também depende do fracasso. Você não pode se tornar resiliente se jamais fracassou. Não pode aprender a se levantar se nunca foi derrubado. Não pode se tornar independente se sempre teve alguém cuidando de você.

Imagine que você tem uma filha que leva os deveres de casa a sério. Se ela recebe nota ruim em um trabalho, fica terrivelmente decepcionada. Naturalmente você quer protegê-la – e se proteger – da necessidade de enfrentar isso. Então começa a ajudá-la com as tarefas de casa. Em pouco tempo não estará mais ajudando, e sim fazendo os deveres por ela. Ainda que suas intenções tenham sido boas – você queria protegê-la –, o resultado pode ser problemático. Ela deixa de ter independência simplesmente porque depende de você. Deixa de ter resiliência porque nunca aprendeu a se recuperar de um fracasso.

Para estabelecer o elemento-chave da independência, reforce o sucesso – mas não evite o fracasso a todo custo. O custo pode ser muito maior do que você previa.

O terceiro elemento-chave é a *iniciativa* – a capacidade e a disposição de agir. Há pouco falamos do problema de evitar o fracasso para desenvolver a independência. Esse é um fator importante também na iniciativa. O principal para esse elemento-chave é se distanciar do resultado de uma ação. Você precisa parar de pensar em termos de resultado bem ou malsucedido. Se fizer uma tentativa honesta e se esforçar ao máximo, *isso* já é um sucesso.

Os Estados Unidos foram criados a partir da ideia da segunda chance. Pessoas de todo o mundo iam para lá por dois motivos: porque as coisas não estavam correndo bem no lugar onde elas estavam e porque o novo país lhes oferecia a chance de recomeçar. Não importava o que havia acontecido no passado, desde que você tivesse resiliência para outra tentativa. Ao lutar para se tornar uma pessoa resiliente é absolutamente essencial manter essa perspectiva.

Nosso quarto elemento-chave é a *energia*. Com relação à resiliência, a energia ocorre em duas variedades. Vamos chamar a primeira de inspiração. Imagine que seu negócio faliu. Imagine que seus investimentos deram errado. Imagine que um tornado surge e derruba sua casa. Por alguns instantes você fica desencorajado, mas então algo o domina. Você está decidido a ficar de pé outra vez. Pensa em todas as pessoas incríveis que enfrentaram problemas ainda maiores e decide ser como elas. Você encontrou uma energia específica da resiliência e vai atrás dela. Isso é inspiração.

Agora outra hipótese: você olha para aquele buraco no chão onde sua casa ficava – antes de o tornado derrubá-la. Em vez de se sentir inspirado e cheio de vitalidade, só se sente cansado e derrotado. Aquela velha pergunta começa a martelar na cabeça: "De que adianta?" E como você responde? Se for alguém de classe, se for uma pessoa resiliente, se estiver decidido a se tornar inesquecível, você luta *mesmo não tendo vontade*. De algum modo, encontra energia enquanto ainda está se perguntando: "De que adianta?" Qualquer um pode realizar grandes feitos quando está com a bateria carregada e cheio de determinação. Mas as pessoas genuinamente resilientes realizam grandes coisas mesmo quando não se sentem nada bem. Isso não é inspiração, é a força de *vontade*. Para ser um ser humano resiliente você quererá ter as duas formas de energia: inspiração e vontade. Isso porque, quando faltar a primeira, é melhor que a segunda esteja pronta para atuar.

O quinto e último elemento-chave da resiliência é a *identidade*. Vamos definir isso com um exemplo histórico. Há quase 2.500 anos Alexandre, o Grande, levou seu exército para a Ásia com o objetivo de confrontar o império persa, que na época era o mais poderoso do mundo. O exército de Alexandre era muito menor do que o persa, não era tão bem equipado e seus soldados estavam lutando longe da pátria. Na noite que antecedeu a batalha que representou o clímax da guerra, Alexandre se dirigiu às tropas. Ele começou garantindo a vitória. Depois disse: "Quero dar três motivos pelos quais estou garantindo a vitória. Primeiro: nós, como nação, viemos de muitas gerações de pessoas fortes que trabalharam duro. Os inimigos, por outro lado, levavam uma vida fácil em seu grande império enquanto nós cuidávamos de ovelhas e tentávamos plantar no solo duro da Grécia. Segundo: em termos individuais, nós viemos de famílias fortes, que trabalham duro. Cada um de vocês, soldados, teve um pai e uma mãe que se levantavam de manhã e faziam o que precisava ser feito. Mas as famílias dos inimigos são ricas e preguiçosas. Dormem até tarde. Não criam ovelhas. São ovelhas. Agora, o último motivo pelo qual vamos vencer é o mais simples e o mais importante. Os inimigos têm como líder o governante do império persa. Mas vocês têm a mim."

Todo o objetivo desse discurso era criar identidade. Alexandre disse aos seus soldados que eles eram fundamentalmente diferentes e fundamentalmente melhores do que os inimigos. Ele lhes deu elementos com os quais se identificar: a nação, a família e o líder. Na situação difícil que estavam enfrentando, tinham essa identidade para sustentá-los e nela podiam se encaixar.

Pense um pouco na sua identidade. Quais são os pontos de identificação que o fazem confiar que as coisas darão certo e o tornam mais resiliente se não derem? Quando estiver trabalhando com outras pessoas, busque as fontes de identificação que elas possuem. E, se não tiverem nenhuma, ajude-as a desenvolver algumas. E, por sinal, contra todas as expectativas, o exército de Alexandre venceu a batalha.

Quando algo dá errado, quanta classe você tem? Vai ficar de pé outra vez ou desmoronar? Resiliência é a capacidade de usar a força interior e se recuperar mais rapidamente de um revés ou de um desafio, seja uma perda no trabalho, uma doença, um desastre ou a morte de um ente querido.

Mas, quando não tem resiliência, você tende a pensar nos problemas, a sentir-se vitimizado, esmagado ou até mesmo a assumir comportamentos reativos como o uso abusivo de álcool ou drogas. Pode até mesmo desenvolver problemas de saúde mental.

A resiliência não fará seus problemas sumirem, mas pode lhe dar a capacidade de enxergar além deles, descobrir alegria na vida e lidar de modo mais eficaz com o estresse. Se você não é tão resiliente quanto gostaria, pode desenvolver habilidades para alcançar o nível desejado. Você deve ser capaz de absorver os golpes. Isto é, mesmo encontrando estresse, adversidade, traumas ou tragédias, você continuará funcionando, tanto psicológica quanto fisicamente.

Resiliência não é o mesmo que aguentar as pontas ou viver segundo velhos clichês como "suportar sorrindo". Ser resiliente não significa ignorar seus sentimentos. Quando surgir a adversidade você ainda vai experimentar raiva, sofrimento e dor, mas poderá continuar com as tarefas cotidianas, permanecer otimista em termos gerais e prosseguir com a vida. Além disso, ser resiliente não significa ser estoico ou se virar sozinho. Poder buscar o apoio dos outros é um componente fundamental da resiliência.

Para reforçar a resiliência, experimente estas ideias:

- **Conecte-se.** Desenvolva relacionamentos fortes, positivos, com familiares e amigos que forneçam apoio e aceitação. Faça trabalho

voluntário, envolva-se com a sua vizinhança ou entre para uma comunidade de fé ou espiritual.
- **Encontre significado.** Desenvolva um sentimento de propósito na vida. Ter algo significativo em que se concentrar pode ajudar você a compartilhar emoções, sentir gratidão e experimentar uma profunda sensação de bem-estar.
- **Comece a rir.** Encontrar o humor em situações estressantes não significa que você está em negação. O humor é um mecanismo útil para enfrentar dificuldades. Se não conseguir encontrar humor em uma situação, busque outras fontes de riso, como um livro ou um filme engraçado.
- **Aprenda com a experiência.** Pense em como você enfrentou as dificuldades no passado. Desenvolva habilidades e estratégias que o ajudaram a superar os momentos difíceis e não repita as que não foram úteis.
- **Mantenha a esperança.** Você não pode mudar o que aconteceu no passado, mas sempre pode olhar para o futuro. Encontre a cada dia algo que sinalize uma mudança para melhor. Espere bons resultados.
- **Cuide-se.** Cuide das suas necessidades e dos seus sentimentos, tanto física quanto emocionalmente. Isso inclui participar de atividades e passatempos dos quais goste, fazer exercícios regulares, dormir o bastante e comer bem.
- **Mantenha um diário.** Escreva sobre suas experiências, seus pensamentos e sentimentos. Fazer um diário pode ajudá-lo a experimentar emoções fortes que você talvez tivesse medo de liberar. Também pode ajudá-lo a enxergar as situações de um modo novo e a identificar padrões em seus comportamentos e reações.
- **Aceite e preveja as mudanças.** Esperar que as mudanças aconteçam torna mais fácil se adaptar a elas, tolerá-las e até mesmo recebê-las bem. Com a prática, você pode aprender a ser mais flexível e não enxergar a mudança com tanta ansiedade.
- **Trabalhe na direção de um objetivo.** Faça todos os dias algo que lhe dê um sentimento de realização. Mesmo pequenas, as metas cotidianas são importantes. Ter objetivos ajuda você a olhar para o futuro.

- **Aja.** Não deseje simplesmente que os seus problemas desapareçam nem tente ignorá-los. Em vez disso, descubra o que precisa ser feito, desenvolva um plano e aja.
- **Mantenha a perspectiva.** Examine sua situação no contexto mais amplo da sua vida e do mundo. Mantenha uma perspectiva de longo prazo e saiba que sua situação pode melhorar se você trabalhar ativamente nela.
- **Pratique técnicas de administração do estresse e de relaxamento.** Restaure a paz interior e a calma praticando ioga, meditação, respiração profunda, visualização, imaginação, oração ou relaxamento muscular.

O título deste capítulo, "Resiliência sem arrependimento", significa que você não deve se arrepender dos erros, e sim aprender com eles. Não lamente os obstáculos com os quais se deparar porque você pode transformá-los em oportunidades. Resiliência e arrependimento são pontos opostos. Como luz e escuridão, eles não podem coexistir. Portanto a opção é sua. Como alguém de classe, você fará a escolha certa.

14

Apreciação além da zona de conforto

QUER PERCEBAMOS OU NÃO, AS LEIS do dar e receber representam um papel importante na nossa vida. Não se engane: as ideias que vamos explorar neste capítulo são *leis*, e não apenas opiniões ou sentimentos. Ignorar essas leis é tão tolo quanto tentar dirigir seu carro depois de esvaziar os pneus. Você pode tentar, mas não chegará longe.

Há mais de 200 anos o filósofo e economista Adam Smith fez uma declaração simples, mas que ainda está sendo discutida. Ele disse que a sociedade funciona melhor quando as pessoas agem concentradas nos próprios interesses. Você pode ficar surpreso ao saber que a filosofia de Dale Carnegie concorda com essa declaração (desde que o interesse próprio seja bem definido e entendido). Porque *interesse próprio* não é o mesmo que *egoísmo*. O interesse próprio é o oposto do egoísmo, como você já vai descobrir.

É fácil ver por que as pessoas agem de modo egoísta. Um homem encontra uma carteira em um ônibus. Há dinheiro nela. Como todo mundo, o homem quer ter mais dinheiro do que tem no momento, por isso põe o dinheiro no bolso e joga a carteira no lixo. Independentemente de como você considere isso a partir de uma perspectiva ética, existe uma lógica clara. Mas algumas vezes, e com mais frequência do que você possa pensar, a pessoa devolverá o dinheiro. Ficar com ele pode ser explicado em uma frase, mas explicar a devolução exige um pouco mais de tempo. Ficar com o dinheiro pode ser do interesse próprio da pessoa, mas a questão não é tão simples assim.

Por que as pessoas fazem coisas dignas de apreciação? Elas ajudam estranhos, colaboram com instituições de caridade, fazem trabalho voluntário em hospitais, mandam comida e suprimentos para vítimas de terremotos. Nós descrevemos esses atos como caridosos ou altruístas, e não como interesse próprio. Em contraste, a maioria das nossas interações com pessoas implica dar para receber. Nós vendemos bens e serviços para ganhar dinheiro, por exemplo. Mas apreciação significa fornecer algo sem a expectativa clara de um retorno específico.

Deixe-me mostrar por que a apreciação e o interesse próprio não são coisas tão diferentes, afinal de contas. Tudo depende de como definimos interesse próprio. É apenas a satisfação do desejo de um ganho material a curto prazo? Ou é mais do que isso? A maioria das pessoas tem objetivos de longo prazo, além de simplesmente obter um lucro rápido, ou mesmo além de ganhar dinheiro. Elas podem também estar agindo movidas pelo interesse próprio, mas não em termos materiais.

Imagine que um viajante fica sem gasolina em uma estrada rural escura. Um agricultor se aproxima em um jipe. O agricultor tem uma lata de gasolina. Ele para e coloca gasolina no carro do viajante. Quando este oferece dinheiro, o agricultor balança a cabeça e diz: "Sei como é ficar parado em uma estrada escura, portanto só peço o seguinte: algum dia você vai ver alguém parado, assim como você. Quando isso acontecer, quero que pare e ajude, como eu parei para você."

O agricultor estava agindo como uma pessoa completamente irracional? Seria mais razoável dizer "Certo, isso vai lhe custar 10 pratas"? De jeito nenhum, porque cada um de nós se beneficia de viver em uma sociedade na qual ajudamos os outros de modo apreciativo. As pessoas agem de modo apreciativo porque algum dia a apreciação será estendida a elas. Um rapaz que cede seu assento no ônibus a uma mulher mais velha dá um exemplo para todos ali. Provavelmente a mulher irá se lembrar da apreciação que recebeu e algum dia ajudará outra pessoa. Será como pagar uma dívida.

E se você não pagar a dívida? As pessoas que se beneficiam da apreciação mas não a estendem aos outros são aproveitadoras. Receberam mas não deram. Pessoas assim não são incomuns no mundo. Elas se sentem mal consigo mesmas? Nem sempre – porque há um modo simples de justificar seu comportamento. Elas dizem: "Ninguém nunca me deu nada, por isso não preciso devolver nada. Não recebi apreciação, por isso não preciso dar."

Isso é completamente falso. Como as pessoas que saem da cama de manhã para viver um novo dia podem dizer que jamais receberam algo? Como pessoas que enxergam com os próprios olhos e ouvem com seus ouvidos podem acreditar que nunca receberam alguma coisa em troca de nada: o presente mais apreciativo possível? Algo realmente estranho é constatar que as pessoas que possuem menos têm muito mais probabilidade de honrar o dom da vida do que as que têm muito mais. Quanto mais temos, mais queremos e menos apreciamos o que já é nosso.

Isso é especialmente verdadeiro com relação ao dinheiro. O dinheiro é o meio pelo qual a apreciação costuma ser expressada – ou *não* ser expressada – com mais frequência. Nada é tão capaz de trazer nossas questões à superfície quanto o dinheiro. O dinheiro é a raiz de todo o mal? Bom, o dinheiro e também o *desejo* de ter dinheiro provocam muita agitação na vida das pessoas – frequentemente o tipo de agitação que seria melhor não ter. O dinheiro é a fonte número um dos problemas entre maridos e esposas. Também pode causar problemas entre amigos e é uma questão constante entre patrão e empregado. O dinheiro é usado para controlar de muitos modos – quem está dando, quem está recebendo e o que isso significa em termos de relacionamento?

O dinheiro deixa muitas pessoas desconfortáveis. Os rendimentos são uma das últimas coisas que as pessoas querem revelar sobre si mesmas. Se não ganham muito dinheiro, sentem vergonha, e, se ganham muito, talvez também sintam.

O dinheiro e o nosso relacionamento com ele podem ser complicados e confusos. Para ser alguém de classe você precisa resolver isso, porque o dinheiro e o modo como você lida com ele estão entre as expressões mais visíveis do seu caráter e da sua personalidade. Um paradoxo essencial com relação ao dinheiro precisa ser entendido. Por um lado o dinheiro é inerentemente *limitado*: você não pode pagar um carro de 50 mil reais com um cheque de 20 mil. Nesse sentido o valor do dinheiro é claro e objetivo.

Mas o dinheiro também é inerentemente *ilimitado*, pelo menos em termos de potencial. Os mesmos 10 reais podem ser 10 reais hoje, mas podem ser 20 reais amanhã, ou até 20 mil reais. Ou podem simplesmente deixar de existir. O dinheiro é indefinido. É energia crua, não manifestada – pode ser usado para praticamente qualquer coisa, para o bem ou para o mal.

Para muitos dinheiro é segurança. Esse é um uso tremendamente importante dos ganhos das pessoas. Também é um dos mais difíceis de entender. Afinal de contas, algumas pessoas com milhões de dólares continuam preocupadas com sua segurança financeira. Sabe-se de milionários que cometeram suicídio porque perderam metade da fortuna. Uma pessoa ainda poderia ter uma quantidade enorme de dinheiro, mas, se for apenas metade do que havia antes, ela se sente ameaçada. Sente-se vulnerável. Simplesmente não pode ir em frente. No entanto, ela ainda tem mais dinheiro do que a vasta maioria da população.

O segredo é que o dinheiro, em si e por si, não tem valor específico. O dinheiro tem o valor que lhe damos. Visualize um empresário rico parando em um posto de pedágio com seu gigantesco SUV. Ele joga moedas de 50 centavos para o cobrador, mas por acaso deixa cair algumas. Bom, sem problema – ele apenas joga mais algumas. Pegar seus 50 centavos de volta não vale o tempo e o esforço. Mas, se um sem-teto chegar ali e encontrar as moedas, será uma sorte fantástica. Para uma pessoa, qualquer quantia específica pode ser insignificante, mas para outra será metade de tudo que ela possui. O dinheiro não tem um valor estabelecido em si e por si. O modo como você *percebe* o dinheiro é como você o valoriza. *Você* decide qual é o valor do dinheiro.

Se você não entender isso, pode acabar tendo sérios problemas. Mas, assim que entende, pode fazer com que o dinheiro seja seu serviçal de boa vontade e não seu senhor tirânico.

Quando você prospera na carreira, ganha dinheiro. Lucra. Esse é um dos objetivos dos negócios – mas não é o único. Por mais espantoso que possa parecer, nem é o objetivo mais importante para uma pessoa que queira ter classe. Porque, quando se trata de classe, o que você faz com seu lucro é no mínimo tão importante quanto ganhá-lo. A coisa mais importante que você pode fazer com seu lucro é ser apreciativo com ele – distribuí-lo, não de modo insensato, e sim apreciativamente. A coisa mais importante é fazer seu dinheiro circular, porque ele circulará de volta até você – talvez não na forma de reais e centavos, mas reaparecerá de alguma maneira. Como diz a Bíblia: "Atire o seu pão sobre as águas e depois de muitos dias você tornará a encontrá-lo." Essas são algumas das palavras mais sábias escritas sobre o dinheiro e a apreciação.

Para a maioria das pessoas, a apreciação não é algo natural nem fácil. Mas ter classe é fazer o que é difícil. Para ajudá-lo a enfrentar as dificuldades da apreciação, aqui vão seis princípios para ter em mente. Eles são nitidamente informativos e espero que também sejam inspiradores. Quando você tiver lido o último deles, deverá ter compreendido por que dar é realmente uma precondição para receber – e por que estar atento aos interesses dos outros é interesse próprio no verdadeiro sentido do termo.

Primeiro deixe de lado o lamento comum que mencionei antes: "Ninguém nunca fez nada por mim, por isso não vou fazer nada por ninguém." Se você vive no Ocidente no século XXI, deveria se afastar automaticamente dessa linha de pensamento. Deveria fazer isso pelo próprio bem. Pesquisas mostram que o sentimento de gratidão é a emoção mais amplamente compartilhada entre as pessoas alegres e bem-sucedidas.

Não importa quem você seja, *sempre* há coisas para agradecer. Portanto exercite essa opção. Durante toda a história humana, sempre que a tirania reinou, um dos seus objetivos principais era fazer com que as pessoas se concentrassem exclusivamente no interesse próprio. Nos campos de concentração da Segunda Guerra Mundial o sistema era orquestrado cuidadosamente para jogar as pessoas umas contra as outras. A maioria dos prisioneiros não conseguia resistir a essa pressão, e ninguém deveria culpá-los ou julgá-los. Mas algumas poucas pessoas entendiam que a resistência mais forte era se recusar a se concentrar nas próprias necessidades. Era preciso ser forte demais para fazer isso. Eram necessárias pessoas realmente inesquecíveis – e elas podem nos ensinar muito sobre apreciação e sobrevivência. Um livro trouxe uma entrevista com uma mulher idosa que tinha passado vários anos em um desses campos. Perguntaram: "Como era?" A mulher escolheu as palavras com muito cuidado: "Bom, pelo menos de certo modo eu me sinto grata por ter estado lá. Porque era um lugar onde a gente podia fazer muita coisa boa pelos outros."

Para se tornar uma pessoa inesquecível, reconheça que o lugar onde você está agora é um lugar onde pode fazer muita coisa boa pelos outros. Também é um lugar onde muita coisa boa tem sido feita por você. Então aja de acordo com isso – em outras palavras, aja de modo apreciativo – e comece agora mesmo.

Nosso segundo princípio: quando estiver pensando no que pode dar e compartilhar, não se esqueça de incluir você mesmo como uma possibilidade. Neste capítulo estamos concentrados no dinheiro como um meio de apreciação, mas não se limite a isso. E especialmente não se limite ao dinheiro se você tiver muito. Se um empresário possui 50 milhões de dólares e dá 10 mil para uma instituição de caridade, o que isso lhe custou em termos de apreciação verdadeira? Doar 10 mil dólares foi um ato mais apreciativo do que doar uma hora de seu tempo? Já dissemos que classe costuma ser uma questão de fazer o que é difícil. Isso é especialmente verdadeiro em termos de apreciação.

O outro lado dessa moeda são as pessoas cujas circunstâncias estão longe de ser ideais. Elas dirão: "Não tenho nada para dar. Não me incomode. Vá pedir a alguém rico." Em primeiro lugar, isso nunca é verdade. Qualquer pessoa pode dar um sorriso, uma piada, um tapinha nas costas, uma palavra de encorajamento, amizade e até amor. Qualquer pessoa pode ser rica nessas qualidades, e quando as compartilha você *se sente* rico. Quando diz que não tem nada, você não está *refletindo* a realidade, e sim *criando* uma realidade – e é você quem terá que viver nessa realidade.

Aqui vai outro ponto interessante com relação a quem diz "Não tenho nada para dar". Com poucas exceções, as pessoas que pensam assim não mudam de repente de atitude se suas condições materiais mudarem. Se você não dá um centavo quando tem um real, há uma chance relevante de não ser mais apreciativo nem mesmo se ganhar na loteria amanhã. As situações materiais podem mudar, mas as atitudes são muito menos flexíveis. Você pode ser uma pessoa apreciativa agora mesmo simplesmente optando por ser e se comportando assim.

Terceiro princípio: a consciência proativa, positiva, é um componente essencial da apreciação. Se você só age de modo apreciativo porque sente que precisa, acaba perdendo os benefícios da sua ação. Se faz uma doação a uma universidade apenas para ter seu nome na fachada do prédio, essa não é uma ação apreciativa, não importa quanto dinheiro você tenha dado.

Quarto princípio: as pessoas de classe adoram agir de modo apreciativo e procuram oportunidades para isso. Classe e ausência de classe são coisas que formam hábitos. Um dos maiores obstáculos para se tornar uma pessoa inesquecível é simplesmente o hábito de não o ser. Todos conhecemos pessoas que ficaram no mesmo emprego por trinta anos ou mais – não porque gostavam, mas porque aquilo era o que sempre tinham feito. O mesmo é verdadeiro com relação à apreciação.

Se você não está totalmente feliz com o que acontece na sua carreira, nas suas finanças ou na sua vida pessoal, pergunte-se por quê. Uma das coisas que você quase sempre pode mudar é o nível de apreciação na experiência cotidiana. É só uma questão de decidir fazer essa mudança.

Comece perguntando: "Quais são as coisas na minha vida que estão no piloto automático? O que eu faço todos os dias sem ao menos pensar a respeito?" Obviamente isso não se refere a coisas como escovar os dentes e pôr o lixo para fora. Quais são os seus comportamentos habituais que envolvem outras pessoas? Seu hábito pode ser o de trabalhar duro todos os dias, das sete da manhã até as 11h30 da noite. Você diz a si mesmo que provavelmente verá os filhos no fim de semana. Está trabalhando pelos filhos, para que eles não precisem trabalhar tanto quanto você. Mas no fim das contas você não tem um relacionamento com eles. Pode estar trabalhando *para* eles, mas talvez na verdade isso seja uma desculpa. Você se convenceu de que precisa escolher entre uma coisa e outra. Existe uma alternativa mais apreciativa? Existe algum modo de dar um pouco menos para o trabalho e um pouco mais para a família? A princípio pode ser difícil. Pode ser necessário romper com alguns hábitos com os quais você se acostumou. Mas, como dissemos, classe não é uma coisa fácil, e não é para ser fácil.

Vejamos outro exemplo. Você está viajando de avião. Com o canto do olho vê a pessoa ao lado, que não tem uma aparência imponente. Se ao menos fosse Jack Welch, se fosse Steven Spielberg! Por que uma dessas pessoas não podia estar no avião com você? Nesse caso você arranjaria um modo de iniciar uma conversa. Mesmo se não conseguisse pensar em algo melhor do que "O tempo está ótimo, não é mesmo?", você descobriria um modo de aproveitar a sorte. Ter uma pessoa poderosa e importante sentada ao seu lado poderia ajudá-lo de muitos modos e você não deixaria essa chance passar. Mas em vez disso, por azar, você está sentado ao lado de um zé-ninguém.

Bom, deixe-me sugerir um modo diferente de olhar essa situação. Em vez de pensar "Essa pessoa não pode me ajudar", tente pensar: "Talvez eu possa ajudar essa pessoa." Isso é pensar de modo apreciativo. É pensar em dar em vez de pensar em receber. É pensar sobre o que pode acontecer, e não no que não pode acontecer. Afinal de contas, como você sabe o que não pode acontecer? As pessoas de classe não se concentram em coisas que elas não podem controlar, como, por exemplo, o que outra pessoa pode fazer. Como alguém de classe, você se concentra no que sempre pode controlar, e é isso que você pode fazer neste exato momento.

Quinto princípio: a apreciação sempre tem um efeito multiplicador. Como disse o Dr. Robert Schuller: "Qualquer pessoa pode contar quantas sementes há em uma maçã, mas ninguém pode contar quantas maçãs há em uma semente." Bom, você pode não ser capaz de contar as maçãs na semente, mas pode captar a ideia de que talvez haja um montão delas. Para isso, você precisa plantar a semente. Assim que fizer isso, coisas boas podem começar a acontecer e coisas ruins podem parar de acontecer.

Aqui vai uma breve história para ilustrar o que isso significa. Um sujeito gentil e confiante chamado Ben morava em uma cidadezinha que estava inundada depois de quarenta dias seguidos de chuva. Um veículo de resgate chegou e o motorista gritou para ele:

– Depressa, daqui a pouco a cidade inteira vai ficar embaixo d'água. Entre aqui!

Ben ficou na sua varanda com a água na altura dos tornozelos.

– Vou ficar aqui. Deus vai me salvar.

Horas depois surgiu um barco. O piloto gritou para Ben nadar até o barco. Apesar de a água ter chegado à sua cintura, Ben recusou, gritando:

– Tenho fé, Deus vai me salvar.

O barco foi embora. À tarde a água havia chegado ao pescoço de Ben. Um helicóptero pairou acima de sua casa. Uma corda de resgate caiu bem na frente dele. O piloto gritou:

– Agarre a corda.

Ben acenou dispensando o helicóptero.

– Sei que Deus vai me salvar!

Logo a água subiu acima da boca de Ben... dos olhos... e finalmente da cabeça. Ben se afogou. Chegando ao céu, ele pediu uma audiência com Deus.

– Eu esperei o Senhor me salvar! – exclamou. – O que aconteceu? Por que não me salvou?

Deus respondeu:

– Mas, Ben, quem você acha que mandou o jipe, o barco e o helicóptero?!

Tempos atrás, o falecido Paul Newman decidiu que não tinha nenhuma preocupação financeira. Ele e um amigo tiveram a ideia de criar uma marca de molho de macarrão. O gancho de marketing seria colocar o nome e a foto de Paul na embalagem. Mas, depois de várias décadas no cinema, o ator não sentia a necessidade de ter seu rosto em uma garrafa, muito menos de ganhar mais dinheiro. Teve, então, uma ideia. O molho de macarrão seria vendido e haveria uma foto de Paul Newman no frasco, mas todo o dinheiro iria para instituições de caridade.

Essa empresa foi fundada do modo mais casual e sem planejamento, mas recebeu atenção da mídia e do público. Em todo o país, quando as pessoas viam o desenho do rosto de Paul Newman no frasco de molho para macarrão, compravam esse molho, e não outro. Por quê? Porque achavam que o gosto seria melhor? Não: compravam porque tinham ouvido dizer que os lucros iriam para a caridade. Tinham ouvido dizer que esse era um empreendimento apreciativo e queriam participar dessa apreciação. Acredite ou não, é assim que as coisas acontecem.

A linha de produtos alimentícios de Paul Newman gerou quase 300 milhões de dólares em contribuições para a caridade. Foi criada totalmente sem intenção de retorno financeiro para Newman e seu sócio. Seria esse o motivo do sucesso? O que você acha? Será que as pessoas teriam comprado o produto se achassem que ele iria render mais uma casa ou um carro para Paul Newman, o famoso ator? Pelo contrário, elas compravam o molho de macarrão exatamente porque sabiam que ele não iria fazer isso. Pode ter certeza de que essa é uma lei implacável na economia e em todas as outras áreas da vida. A apreciação tem um efeito multiplicador. Você pode levá-la para o banco. Só não pode depositá-la em seu nome!

O sexto princípio é de certa forma o mais poderoso e interessante. *A apreciação gera prosperidade*. Dar aos outros se traduz em receber. A apreciação é um investimento, um dos melhores que alguém pode fazer.

Poderia ser interessante tentar documentar isso com muitos fatos e números. Não sou capaz de fazer isso, mas muitas pessoas sabem instintivamente que dar é um investimento. Sir John Templeton, uma das pessoas mais ricas do mundo, disse: "A apreciação sempre foi o melhor investimento e o que gera maiores lucros." Como isso acontece? De novo, é difícil dizer. Há algo de misterioso. Mark Victor Hansen, cocriador dos livros *Histórias para aquecer o coração*, sustentou o seguinte argumento: dar faz com que o Universo passe a dever a você. Mais que isso: o retorno vem frequentemente de maneiras surpreendentes, em momentos inesperados e de fontes improváveis. Mas de algum modo a apreciação estabelece uma energia que puxa o retorno de volta para você, como um campo magnético.

A apreciação no local de trabalho

Os seis princípios que acabamos de discutir têm aplicações em todas as áreas da vida, tanto profissional quanto pessoal. Agora vamos examinar algumas sugestões especificamente relacionadas às responsabilidades de um administrador de classe no local de trabalho.

Como líder e desenvolvedor de equipes, demonstrar apreciação à sua equipe pode garantir um clima organizacional positivo, produtivo e inovador. Com esse objetivo, um simples "obrigado" irá encorajar as ações e pensamentos que trarão sucesso à sua organização. As pessoas que se sentem apreciadas são mais positivas com relação a si mesmas e à sua capacidade de colaborar. As pessoas com autoestima positiva são potencialmente os melhores elementos da sua equipe. Essas crenças sobre reconhecimento dos membros da equipe são comuns entre os empregados. Então por que são levadas adiante com muito menos frequência?

Um motivo declarado frequentemente é o tempo. Certo, o reconhecimento dos membros da equipe toma tempo. Além disso, os empregadores começam com todas as melhores intenções quando desejam reconhecer o desempenho dos membros da equipe, mas frequentemente descobrem que seus esforços se transformam em uma oportunidade para reclamações, ciúme e insatisfação por parte dos funcionários. Depois dessas experiências muitos empregadores hesitam em proporcionar reconhecimento a seus funcionários.

Além das restrições de tempo, muitos administradores não sabem demonstrar apreciação de modo eficaz, por isso têm experiências ruins quando tentam fazer isso. Eles se valem de uma "fórmula única" para indicar reconhecimento aos membros da equipe. Os líderes pensam de modo muito estreito sobre como os membros da equipe reagirão a isso em termos de apreciação. As sugestões seguintes podem ajudar você a expandir sua perspectiva e demonstrar uma apreciação inesquecível aos membros da sua equipe.

Seja claro. Crie para os membros da sua equipe metas e planos de ação que identifiquem os objetivos, os comportamentos e as realizações que você deseja estimular e recompensar na sua organização. Estabeleça oportunidades para o reconhecimento de membros da equipe enfatizando e reforçando as qualidades e os comportamentos desejados. Um bilhete em duas vias é um bom formato. O membro da equipe fica com uma via e a segunda é guardada no arquivo relativo a esse colaborador.

Justiça, clareza e consistência são importantes. Sua equipe precisa ver que cada pessoa que dá a mesma colaboração ou uma colaboração semelhante tem a mesma probabilidade de receber reconhecimento pelos esforços. Recomendo que, para o reconhecimento regular dos membros da equipe, as organizações estabeleçam critérios. Qualquer pessoa que alcance os critérios será reconhecida. Por exemplo, se as pessoas forem reconhecidas por superar uma expectativa de produção ou vendas, qualquer uma que supere o objetivo deve ser reconhecida também. Glorificar apenas os maiores desempenhos irá frustrar ou desagradar todos os outros colaboradores, especialmente se o critério não for claro ou se for baseado em opinião.

A apreciação deve ser individualizada. Consistente mas também individualizada? Isso não é contraditório? Na verdade, não. Só garanta que os seus esforços de reconhecimento não se tornem privilégios previsíveis que são distribuídos sem empolgação verdadeira. Isso não deveria ser como dar de presente um relógio de ouro – a menos que ninguém no mundo jamais tenha recebido um relógio de ouro de presente. "Você fez um ótimo trabalho hoje" é um comentário positivo, mas não tem o mesmo poder de "O relatório teve um impacto significativo na decisão do comitê. Você fez um serviço excelente enfatizando os pontos principais e as informações de que precisávamos para avaliar antes de decidir. Por causa do seu trabalho poderemos cortar 6% do orçamento sem precisar fazer demissões."

Ofereça apreciação imediatamente depois da colaboração que você está reconhecendo. Quando uma pessoa tem desempenho positivo, reconheça de imediato. Provavelmente o membro da equipe já está se sentindo bem com relação ao desempenho. Seu pronto reconhecimento irá reforçar os sentimentos positivos. Isso fortalece a confiança de todos nos benefícios de trabalhar bem na sua organização.

Lembre-se de que a apreciação está relacionada com a situação. As pessoas naturalmente têm preferências individuais com relação ao que consideram ser uma recompensa e como a apreciação é demonstrada de modo mais eficaz. Uma pessoa pode gostar do reconhecimento público em uma reunião de trabalho; outra pode preferir uma anotação particular em sua ficha pessoal. O melhor modo de determinar o que um membro da equipe acha recompensador é simplesmente perguntar.

Use todas as oportunidades disponíveis para a apreciação. Em muitas organizações existe ênfase demais no dinheiro como a forma de apreciação preferida. Ainda que o salário, os bônus e os benefícios sejam fundamentais no sistema de reconhecimento e recompensa dos membros da equipe, um administrador de classe deve ter muito mais imaginação.

Espero que as ideias discutidas neste capítulo tenham convencido você de que a apreciação é do interesse de todo mundo, tanto de quem dá quanto de quem recebe. De modo literal, apreciação equivale a prosperidade.

Mas, para o caso de você não estar convencido, vamos fazer uma observação final. Nada é menos atraente e mais cômico do que uma pessoa incapaz de apreciação. Ebenezer Scrooge, em *Um conto de Natal*, de Dickens, acha que é um homem importante porque tem muito dinheiro, mas na verdade é um indivíduo patético porque tudo que ele tem é apenas dinheiro.

Nos últimos anos o setor corporativo dos Estados Unidos ficou chocado com revelações de ganância e fraude financeira por parte de executivos de grandes empresas. Essas pessoas tinham se convencido de que eram donas do Universo. Passaram a acreditar que as leis de dar e receber – e especialmente as leis do dinheiro – não se aplicavam a elas. Estavam erradas, porque, quando se trata de apreciação, você colhe o que plantou.

No início deste capítulo citamos a declaração de Adam Smith de que o interesse próprio é a base de uma sociedade que funciona bem. Isso é correto desde que reconheçamos a apreciação e a generosidade como alicerces do interesse próprio no melhor sentido. Nossa sociedade como um todo pode ter um longo caminho pela frente nessa questão, mas, como indivíduo, você pode ativar esses princípios imediatamente. E isso é algo que, sem dúvida, você deveria fazer.

Nosso próximo assunto será a coragem. O filósofo grego Aristóteles descreveu a coragem como a base de todas as virtudes. Coragem é definitivamente um dos elementos centrais da classe. No capítulo 15 veremos por quê.

15

Coragem, o outro lado da moeda do medo

A CORAGEM É UMA QUALIDADE HUMANA ESPECIAL, e algumas pessoas diriam que está se tornando cada vez mais rara. Os gregos antigos acreditavam que ela era a base de todas as outras virtudes, e existe uma boa chance de que os gregos soubessem do que estavam falando.

Pense na seguinte situação: um executivo jovem e ambicioso em uma empresa multinacional recebeu uma grande promoção. A única condição era a de que ele se mudasse para o Cairo, no Egito. Ele foi para casa e contou à esposa, que tinha acabado de ter um bebê:

– Ótima notícia: vamos nos mudar para o Cairo.

Perplexa, a esposa disse:

– Você vai se mudar sozinho. Eu vou para a casa da minha mãe.

Isso foi um teste de coragem para a família. Não havia um meio-termo viável. Se ele desistisse da promoção, iria se ressentir da esposa por arruinar sua carreira; se fosse em frente com a mudança, a esposa iria odiá-lo por ignorar os sonhos dela para o bebê e para si mesma. O que fazer?

Depois de alguma discussão eles podiam ser tentados a acreditar que a maturidade exigia que negassem seus sentimentos e que cada um se sacrificasse pelo outro. Mas, em vez disso, voltaram ao fundamental: a carreira é minha ou sua? O bebê é seu ou nosso? Somos indivíduos ou atuamos como uma equipe? Quais são os nossos valores? Esse casamento teve que crescer o equivalente a cinco anos em cerca de duas semanas. A família acabou indo para o Cairo, mas o relacionamento do casal havia se transformado. A esposa entendeu que a carreira dele era importante para ela. Ele se comprometeu de novo com seus valores como parceiro na família. O que importa não é o que acabaram escolhendo, e sim como fizeram a escolha. Deram o passo corajoso de redefinir, de dentro para fora, quem eles eram de verdade.

Qual é a diferença entre um bom general e um grande general? Entre um pai mediano e um pai notável? Entre uma criança amedrontada – e algumas permanecem assim até os 40 anos – e um adulto maduro? A diferença é a coragem.

O que faz algumas pessoas racharem sob pressão – seja na guerra ou nos negócios – enquanto outras parecem ultrapassar os próprios limites? A coragem ou a falta dela. Por fim, por que algumas pessoas se desafiam até o limite – até mesmo tentam o impossível –, enquanto outras jamais saem do sofá? Você já deve saber a resposta.

Considera-se frequentemente que a coragem tem duas categorias: física e moral. Coragem física é a disposição de enfrentar sérios riscos à vida ou a algum membro em vez de fugir da situação. Coragem moral é a firmeza de espírito que enfrenta o perigo ou a dificuldade sem se encolher nem recuar. O general William T. Sherman, da Guerra Civil americana, entendia a coragem em termos quase matemáticos. Ele disse: "Coragem é a percepção da verdadeira medida do perigo e a disposição mental de suportá-lo." John Wayne disse de modo mais simples: "Coragem é estar morrendo de medo e montar na sela mesmo assim."

A coragem tem sido a marca de pessoas que agiram com classe e se tornaram inesquecíveis ao longo da história, e isso não mudará tão cedo. Confrontadas com as mesmas opções, algumas pessoas se levantam para aceitar o desafio e outras fogem.

E você? Se acha corajoso? Nesse caso, preste atenção no que diremos a seguir. E, se não se acha corajoso, preste *mais* atenção ainda.

Necessariamente, uma discussão sobre a coragem também precisa abordar o medo. O filósofo grego Aristóteles observou isso há mais de 2 mil anos.

O que ela é, afinal?

Mark Twain disse: "Coragem é resistir e dominar o medo, e não a ausência de medo." As pessoas inesquecíveis aprendem a dominar o medo por meio da experiência e do passar do tempo. Mas muitos homens e mulheres ainda vivem com medo durante toda a vida. Então qual é a diferença entre as pessoas que dominam o medo e as que são dominadas por ele?

Para primeiro controlar e depois superar o medo, a pessoa inesquecível precisa aprender o que é de fato o medo. O fator complicador é que o medo existe em muitas formas diferentes. Em termos biomecânicos, medo é um conjunto de descargas hormonais liberadas pelo cérebro. Assim que esses hormônios se dispersam pelo corpo, começam a provocar mecanismos de defesa, como o aumento nos níveis de adrenalina e cortisol, a aceleração dos batimentos cardíacos e da respiração. É a chamada reação de luta ou fuga. Esses sintomas se destinam a permanecer ativos por apenas alguns segundos ou minutos, o suficiente para a pessoa reagir ao objeto de seu medo.

Mas o que acontece quando o objeto do medo não é real? E se for simplesmente uma situação criada pela nossa imaginação? Para muitas pessoas, a elevação dos níveis de adrenalina e a aceleração da respiração permanecem no corpo por períodos mais longos, acrescentando o estresse e consequentemente fazendo o corpo experimentar um esgotamento que leva à exaustão completa.

Assim que você entende o que são seus medos como fenômenos biológicos, o passo seguinte é ter consciência da presença deles de um modo racional e não emocional. Você pode fazer isso na forma de uma "experiência mental". Quando começar a sentir ansiedade, pare um momento e diga a si mesmo: "Está começando. Estou ficando com medo." Ao reconhecer o medo e fazer companhia a ele, você acabará aprendendo a controlá-lo.

Tenha em mente que controlar o medo não significa destruí-lo. Ninguém pode destruir totalmente o medo, e não é necessário fazer isso. O medo ainda fará parte de quem você é, quer você goste ou não. Mas, para ajudá-lo a chegar a um acordo com essa parte sua, aqui vão alguns passos práticos:

Levante-se e saia. Muitas pessoas têm ataque de pânico de manhã cedo, quando ainda estão na cama. Assim, levante-se e entre em movimento.

Pegue o jornal, ligue a TV e note que a vida continua ao redor. Vista-se e saia. Veja que a vida e a ação estão no seu entorno o tempo todo. Isso coloca sua vida interior na perspectiva correta.

Faça exercícios. Mova-se o suficiente para fazer o sangue correr. Faça abdominais, flexões de braço, levante pesos e caminhe alguns quarteirões com o cachorro. O exercício substitui os hormônios do medo no corpo por substâncias neuroquímicas que promovem a força por períodos mais longos.

Ouça um pouco de música. Ligue o aparelho de som – ou simplesmente assobie ou cante! Esse é um ótimo modo de controlar a respiração e se acalmar.

Viva no aqui e agora. Algumas palavras e frases podem ajudar você a se distanciar dos pensamentos negativos: "Relaxe..." "Não tem problema..." "Estou no controle." Dizer isso em voz alta forçará você a se concentrar nas tarefas à mão e evitar que a mente se concentre em coisas futuras que podem jamais acontecer.

Pense positivo. Pensar em um sucesso do passado, especialmente antes de uma apresentação ou de uma reunião com o seu chefe, é um modo excelente de afastar a sensação de medo. Você se lembra instantaneamente de que já teve excelentes realizações e não há motivo para não alcançá-las novamente.

Comida e medo. Coma algo leve e simples, como uma torrada com suco de laranja. É difícil ficar com medo quando você está comendo, e é especialmente difícil sentir medo quando o açúcar e outros nutrientes da comida entram em sua corrente sanguínea.

Fale com você mesmo. Lembre-se de alguns fatores básicos da sua vida e da sua situação atual. Por exemplo:

- *Quando sentir medo com relação a coisas que você não tem ou que pode perder – especialmente dinheiro, propriedades ou emprego –,*

pense no que você tem: uma família maravilhosa, um cachorro amoroso, amigos que gostam de você. Quanto maior a lista, mais o seu medo irá evaporar.
- *Sempre lembre-se de que você é o senhor do seu corpo e da sua mente. Jamais se torne escravo dos seus medos, em especial quando eles começarem a prejudicar os outros, como sua família ou seus amigos.*
- *Descanse bastante. É quase impossível sentir-se seguro quando você está exausto ou assustado.*

A escolha é sua

Diante de um leão atacando ou de um cartão de crédito estourado, duas pessoas podem sentir medo. Mas o indivíduo corajoso aceita o desafio e o outro não faz nada. A coragem importa – mais do que imaginamos. Sem coragem tudo fica frágil. Winston Churchill dizia que a coragem é "a primeira das qualidades humanas, porque garante todas as outras". É disso que estamos falando quando nos referimos à coragem das nossas convicções. Se não tivermos coragem para manter nossas crenças quando elas forem testadas – não somente quando estão de acordo com as dos outros, mas também quando vão de encontro a uma oposição ameaçadora –, nossas crenças não significam nada.

A coragem nem sempre precisa se expressar em guerras, expedições ao Ártico ou em escaladas de grandes montanhas. Entrar para uma academia de ginástica pode ser um ato de coragem se você estiver fora de forma. Na sua carreira você pode demonstrar coragem lutando por uma ideia ou um projeto em que acredita, mesmo que os outros não concordem. A coragem é uma energia que se manifesta na nossa vida cotidiana ajudando a controlar nossos medos. Mesmo se o medo não for totalmente superado, ele não tem mais domínio sobre nossos atos. Ainda sentimos medo, mas o modo como reagimos a esse medo pode demonstrar classe para o mundo.

Entre todas as infinitas variedades do medo, provavelmente a mais perigosa no mundo moderno é o medo do fracasso. A maioria de nós não enfrenta mais adversários que ameaçam fisicamente a nossa vida. Mas nos deparamos com questões que podem arruinar a nossa vida financeira ou a nossa carreira. Frequentemente esse tipo de medo implica uma única pergunta: como a possibilidade de sucesso se compara ao risco de fracasso? Qualquer pessoa que já tenha desejado tremendamente fazer alguma coisa na vida experimentou o medo que acompanha a possibilidade de fracasso. Quanto maior o potencial para a realização, maior é o medo.

O medo do fracasso

Como dissemos, esse é um medo comum – e realmente ruim! O medo do fracasso se relaciona intimamente com o medo da crítica e da rejeição. As pessoas inesquecíveis dominam o medo do fracasso, mas outras são incapacitadas por ele.

Mas, no sentido mais amplo, o fracasso não existe; só existe a experiência. As pessoas de sucesso enxergam os erros como resultados, e não como fracassos. As pessoas sem sucesso consideram que os erros são permanentes e pessoais. Buckminster Fuller escreveu: "Tudo que o ser humano aprendeu precisou ser aprendido como consequência de tentativa e erro. O ser humano só aprendeu por meio dos seus erros."

A maioria das pessoas se autolimita. Quase todas não alcançam uma fração da capacidade que têm por sentirem medo de tentar e de fracassar.

Dê os seguintes passos para superar o medo do fracasso e avançar no sentido de obter os resultados que deseja:

Aja. Aja de modo ousado e determinado. Faça algo amedrontador. O medo do fracasso imobiliza você. Para superar esse medo você precisa agir. Quando agir, aja com ousadia. A ação lhe dá o poder de mudar as circunstâncias ou a situação. Você precisa superar a inércia agindo. O Dr. Robert Schuller pergunta: "O que você faria se soubesse que fracassaria?" O que você seria capaz de realizar? Seja corajoso e faça. Se não funcionar como você deseja, faça outra coisa.

Persista. As pessoas inesquecíveis não desistem. Continuam tentando abordagens diferentes para alcançar seus objetivos até que finalmente cheguem aos resultados desejados. As pessoas que não têm sucesso tentam apenas uma coisa que não funciona e logo desistem. Muitas vezes as pessoas desistem quando estão a um passo do sucesso.

Não leve para o lado pessoal. O fracasso tem relação com comportamento, consequências e resultados. O fracasso não é uma característica da personalidade. Ainda que o que você faz possa não lhe dar o resultado que você queria, isso não significa que você seja um fracassado. Ter cometido um erro não significa que você seja uma pessoa fracassada.

Faça as coisas de modo diferente. Se o que você está fazendo não está dando certo, faça outra coisa. Há um provérbio que diz: "Se você sempre faz o que sempre fez, vai receber o que sempre recebeu." Se você não está obtendo os resultados que deseja, deve fazer algo diferente. A maioria das pessoas desiste totalmente de fazer qualquer coisa e isso garante que elas não terão sucesso.

Não seja duro demais consigo mesmo. No mínimo, agora você sabe o que não funciona. A percepção do fracasso é um julgamento de comportamento. Olhe para o fracasso como um evento ou um acontecimento, e não como uma pessoa. Trate o fracasso como oportunidade para aprender. O que você aprendeu com essa experiência que irá ajudá-lo no futuro? Como você pode usar a experiência para se aprimorar ou para melhorar a sua situação? Faça a você mesmo as seguintes perguntas:

- *Qual foi o erro?*
- *Por que ele aconteceu?*
- *Como poderia ter sido evitado?*
- *Como posso fazer de modo melhor da próxima vez?*

Procure oportunidades que resultem da experiência. Em *Pense e enriqueça*, Napoleon Hill afirma: "Cada adversidade, cada fracasso e cada mágoa carrega a semente de um benefício equivalente ou maior." Procure a oportunidade e o benefício.

Avance rapidamente em seus fracassos. Tom Peters, coautor de *In Search of Excellence* (Em busca da excelência), além de autor de muitos outros livros de enorme sucesso sobre administração, diz que no mundo atual as empresas devem "fracassar avançando rapidamente". O que ele quer dizer é que nós aprendemos cometendo erros. Assim, se quisermos aprender de modo mais rápido, precisamos cometer erros em um ritmo mais rápido. A chave da questão é: você precisa aprender com os erros que comete para não os repetir.

Como deve ser evidente, o medo é o maior impedimento para qualquer realização. Sem dúvida ele é um obstáculo gigantesco para uma pessoa se tornar inesquecível. Um dos primeiros passos para confrontar o medo com coragem e comprometimento é simplesmente reconhecê-lo. Algumas pessoas jamais expressam coragem porque nem sabem que estão com medo. Evitam os desafios a tal ponto que nem o medo nem a coragem têm chance de aparecer. Para outras, simplesmente ler a palavra *medo* pode provocar uma reação física. O medo pode se registrar em um tal nível físico que o simples pensamento nele é desagradável: seu coração acelera, suas mãos ficam úmidas e todos os seus sentidos ficam em alerta. Mas no mundo atual geralmente isso não acontece porque alguém está para golpear você com um machado. O medo costuma aparecer ou porque você terá uma reunião com seu chefe, ou porque vai assinar um contrato de financiamento de imóvel, ou ainda porque está tentando decidir entre dois tipos de carro ou dois planos de investimento, ou por muitas coisas mais. Você não teme pela vida. Você teme cometer um erro, fracassar. Frequentemente você está apenas com medo de bancar o idiota.

Lembre-se de que o medo no mundo moderno é quase sempre uma reação ao que está na sua mente – porque em geral não está acontecendo em nenhum outro lugar. Como já discutimos, antes que seu corpo possa experimentar o medo, sua mente precisa dizer a ele que tema algo. Entender que o medo começa na mente é um passo crucial para reagir de modo corajoso. Seu cérebro pode reagir instintivamente com medo, mas a simples compreensão dessa reação lhe permitirá acessar a coragem.

Os pensamentos de medo provocam sintomas físicos e ações físicas. Eles podem fazer as mãos suarem e também podem provocar perda de vendas e cancelamento de projetos.

Antigamente os gladiadores podiam enfrentar seus medos aumentando os músculos. Hoje é uma questão de aprender a controlar a mente. Algumas pessoas são muito melhores nisso do que outras. Você conhece alguém que sempre parece calmo e controlado? O tipo de pessoa que não se altera, que é um modelo consistente de coragem independentemente de qualquer coisa? Será que pessoas assim não têm medo algum?

A resposta é: sim, elas têm. Todo mundo experimenta o medo, só que algumas pessoas lidam com ele de modo mais hábil que outras. As pessoas que alcançam algum nível de sucesso conseguem dominar o medo suficientemente bem para que as coisas sejam feitas. Esse autocontrole, que se expressa como classe, não deixa o medo impedir que as coisas aconteçam. Assim como um atleta aprende a jogar mesmo sentindo dor, um certo tipo de empresário lida com o medo para realizar um trabalho. Como? Aqui vão algumas ideias para você tentar.

Primeiro, lembre-se do que dissemos sobre o medo estar na mente. No mundo contemporâneo o medo é quase sempre um fenômeno criado na mente. Uma pessoa de classe entende isso. Uma pessoa que possui a classe do autodomínio tenta corajosamente o que outras temem fazer, porque sabe que a origem do medo está na nossa cabeça.

Segundo, não se esqueça de que a forma de medo mais comum na sua vida profissional é o medo do fracasso. Mesmo parecendo que o que você teme é outra coisa, o medo do fracasso está sempre presente no local de trabalho. Ninguém gosta de fracassar. Isso machuca o ego. Não é fácil e não é agradável. Mas, como vimos aqui, classe significa fazer o que é difícil. Coragem é a energia que lhe permite fazer isso. Fracasso é um modo de dizer que você não foi suficientemente bom – não para sempre, apenas dessa vez. Apenas por enquanto.

Se você olhar com profundidade para o seu medo, descobrirá que quase sempre não existe nada ali. Mas o medo tenta assustá-lo e levá-lo a não olhar bem de perto. É como o Mágico de Oz diz: "Não preste atenção no homem atrás da cortina." O medo faz com que você não tente. Não tentar irá privá-lo de adquirir experiência. Não adquirir experiência fará com que você não avance. E, se você não avançar em nenhuma atividade, como pode alcançar o sucesso? Assim, encare o seu medo e você verá que ele em verdade não pode lhe fazer mal.

É isso que as pessoas de classe aprenderam a fazer. Encarar o medo sem piscar é o ato de coragem primário. No século XVII o filósofo inglês Francis Bacon disse: "Nada é terrível, exceto o próprio medo." Trezentos anos depois o presidente Franklin Roosevelt usou praticamente as mesmas palavras nas horas mais sombrias da Grande Depressão.

Assim, se você sentir o medo chegando antes de uma apresentação ou entrevista importante, invoque pensamentos corajosos. Lembre-se de que você já passou por situações mais difíceis – e ainda está aqui. Você provavelmente se tornou mais forte em função dos desafios que enfrentou. Dentro de um ano, ou talvez uma semana, ou quem sabe até um dia, você sentirá o mesmo em relação ao que está acontecendo hoje.

Muitas vezes as pessoas falam em dominar os medos, mas uma estratégia muito mais eficaz é se apaixonar por eles. Apaixonar-se pelo medo significa reconhecer seus sintomas, perceber sua presença e dedicar a mente consciente a ele. Transforme seu medo em uma experiência. Quando começar a ficar nervoso e ansioso, diga a si mesmo: "Está começando. Estou ficando com medo." Ao reconhecer o medo e fazer companhia a ele, você acabará aprendendo a controlá-lo.

Dominar o medo nesse sentido não significa destruí-lo. Quando você domina uma coisa, assume o controle sobre ela e se torna seu senhor. Ninguém pode dominar completamente o medo, e por que deveria? Ele faz parte da natureza humana, gostemos ou não.

Tenho certeza de que a esta altura está claro que o medo é uma precondição para a coragem, e não o oposto dela. Se estivermos procurando o verdadeiro oposto da coragem, há uma palavra: *des*encorajamento. Como o medo, ele começa na mente e afeta de modo direto o que fazemos – ou não fazemos.

Nos negócios, qualquer empreendimento em geral é composto de vários passos que são organizados e em última instância levam a um objetivo. Desenvolver uma empresa, por exemplo, é uma realização progressiva. No caminho você provavelmente ficará desencorajado. Talvez as vendas não estejam crescendo tão depressa quanto você gostaria; você contratou alguns empregados ineficientes; um dos seus produtos tem um defeito e você precisou organizar um *recall*... a lista é interminável. O tempo todo é preciso ter em mente que o desencorajamento faz parte do jogo. Em algumas ocasiões você irá se sentir desencorajado – e é nesses momentos que deverá demonstrar mais coragem.

Suponha que você é um representante de vendas que está tendo um mês ruim. Parece que não vai alcançar a meta e vai levar uma bronca do chefe. Você acha que está acabado. É aí que começa o processo; você precisa reconhecer que o desencorajamento está cravando as garras na sua mente. Reconheça que está começando a ficar desencorajado.

Agora é necessário que lembre a si mesmo – forçar a ideia para dentro da cabeça – que o desencorajamento não irá levá-lo a lugar algum. Só vai ajudar a puxá-lo mais para baixo. Assim, seja rápido e livre-se dele. Não deixe que o desencorajamento tome conta, caso contrário você está frito. Quanto antes se livrar dele e mover-se na direção dos seus objetivos, melhor. Como você pode fazer isso? Boa pergunta. A resposta é com *encorajamento*.

Isso não significa contratar uma plateia para ficar aplaudindo. O encorajamento precisa e deve vir de dentro. Durante a sua vida você certamente realizou coisas grandiosas. Talvez tenha ganhado um prêmio na olimpíada do ensino fundamental ou tenha tirado 10 em uma matéria da qual gostava. Mais recentemente, talvez tenha sido o principal vendedor da sua empresa durante algum tempo. Entre outras coisas, todos esses feitos exigiram coragem. E mais importante: os feitos são seus e nada pode impedi-lo de alcançar realizações ainda maiores. Se você conseguiu enfrentar o desafio e vencer naquelas ocasiões, por que não fazer o mesmo hoje?

Diga a si mesmo que você é capaz de realizar grandes coisas. Diga que é inteligente. Diga que alcançará seus objetivos porque está disposto a fazer o esforço necessário. Acima de tudo, diga a si mesmo que você é uma pessoa de classe e inesquecível – no passado, no presente e no futuro.

Como muitas outras emoções, a coragem e o medo formam hábitos. Você já esteve em uma rotina de medo? Isso é particularmente perigoso porque você nem enxerga o medo que há por trás dela. Acha que está na sua zona de conforto, mas a sua verdadeira zona de conforto, o estado mental em que você quer de fato habitar, se encontra muito distante.

Até mesmo a expressão *zona de conforto* tem uma bela qualidade de acalento, não é? Faz a gente pensar em sentar-se em uma espreguiçadeira macia junto a uma lareira quente em uma noite fria. Um estado relaxante e sereno, sem dúvida. Mas tenha cuidado: tirar uma folga de vez em quando é diferente de estar em uma rotina na zona de conforto, cuja base verdadeira é o medo.

A zona de conforto inclui todas as coisas familiares, cotidianas, às quais você está acostumado. Pense nela como um círculo em que você fica à vontade fazendo qualquer coisa. Aqui não há surpresas. Se o seu chefe entra de manhã e pede para você apresentar o relatório ABC, como faz todas as manhãs, você nem vai titubear. Você conhece o processo. Certamente não há nada de perigoso com relação a isso – a não ser a perspectiva não verbalizada de sair da sua zona de conforto. E isso é tão apavorante que nem entra na sua consciência.

E se o seu chefe entrasse um dia de manhã e mandasse você reprojetar um relatório a partir do zero? E se além disso você precisasse usar um programa de computador que nunca tinha visto antes? Suponha que você precisasse fazer isso antes do meio-dia. Como iria se sentir? A resposta, claro, é: desconfortável. E talvez com medo, o que na verdade é bom, porque o leva mais para perto da verdade.

Diante de um desafio fora da sua zona de conforto, a maioria das pessoas fica nervosa e em pânico: "Não posso fazer isso, por que não aquela outra pessoa na outra mesa?"

Mas quem tem classe encara o desafio. Nós aprendemos fazendo. As crianças não aprendem a andar olhando os outros. Tentam ficar de pé e caem centenas de vezes antes de aprender a colocar um pé na frente do outro em equilíbrio perfeito. Fazer coisas desconfortáveis e novas acaba expandindo sua zona de conforto. Permite que você enfrente novas tarefas de modo corajoso – não sem medo, mas com o medo sob controle.

Se você executar tarefas que se acha incapaz de fazer, sentirá sua resiliência, sua esperança, sua dignidade e sua coragem crescerem. Um dia você enfrentará escolhas mais difíceis que podem exigir mais coragem ainda. Quando chegarem esses momentos e você escolher bem, sua coragem será reconhecida pelas pessoas que mais importam. Quando os outros perceberem que você opta por valorizar mais a coragem do que o medo, saberão o que é coragem e só temerão a ausência dela.

Portanto o necessário é agir. Mas a ação não brota do nada. Suponha que você quisesse começar a malhar e entrar em ótima forma. Para isso precisaria comer direito, ir à academia regularmente, treinar com intensidade, dormir o suficiente e, em termos gerais, dedicar a isso um determinado número de horas por semana. Parece muito esforço? Aqui vai um segredo: a parte mais difícil é começar. O que faz a diferença entre um começo bem-sucedido e um malsucedido? A coragem. Você precisará desenvolver sua coragem a ponto de fazer com que algo passe a existir a partir da vontade.

Coragem é essencial para ficar fora da armadilha da sua zona de conforto. Mesmo se você estiver fazendo um ótimo progresso na academia, será necessário coragem para se manter longe do álcool, do bolo de chocolate ou de qualquer outra coisa que possa abatê-lo.

Confiança e otimismo também são essenciais. Coragem é permanecer otimista nos momentos mais difíceis, mesmo quando a situação parece bastante sombria. Pense em Nelson Mandela. Ele passou 27 anos na prisão. Imagino que tenha ficado um pouco desencorajado, mas, segundo todos os relatos, ele jamais hesitou em sua confiança de que um dia a África do Sul seria uma democracia multirracial. Tenho certeza de que algumas pessoas do Congresso Nacional Africano que estavam com ele na prisão diziam: "Nelson, você está cometendo um erro terrível. Isso é ridículo. Seu otimismo não tem lugar aqui." Em seus momentos interiores mais profundos tenho certeza de que Mandela sentiu dúvidas. Mas, enquanto você puder reacender o otimismo, poderá encontrar coragem para superar qualquer adversidade.

Acima de tudo, tenha coragem para enfrentar o seguinte: em todas as áreas da vida existem resultados e desculpas. Os resultados não são apenas as coisas que tornam você um sucesso, são as que fazem a sociedade avançar.

As desculpas, por outro lado, mantêm você na zona de conforto e não ajudam mais ninguém a sair dela. As desculpas começam invariavelmente com a palavra *mas*, e por isso essa é a palavra mais perigosa na nossa língua. O *mas* permite ficarmos na zona de conforto, é a cortina por trás da qual o medo se esconde. Tenha coragem de abrir essa cortina de uma vez por todas.

16

Dinheiro e classe

O RELACIONAMENTO MISTERIOSO ENTRE essas duas palavras é o motivo para um livro como este ser escrito, para começo de conversa. Se classe fosse simplesmente uma questão de ficar rico, não haveria sentido em escrever (ou ler) qualquer coisa sobre esse assunto que não tivesse relação com investimentos. Se ficar rico fosse o segredo para se tornar inesquecível, o melhor modo de gastar seu tempo seria se matriculando em uma faculdade de administração.

A verdade é que o dinheiro pode ser tanto um obstáculo quanto uma porta de entrada para a classe. Essa é a natureza do dinheiro, que é "líquido". Ele assume a forma do ambiente em que existe. Como pessoa inesquecível, você deve ter expectativas que vão além de adquirir um carro novo ou uma casa de luxo. É ótimo ter essas coisas, mas "é só isso?" Bom, não. Há muitas coisas a mais no dinheiro e vamos explorar algumas delas neste capítulo.

Algumas pessoas acreditam que dinheiro é tudo, ao passo que outras insistem que ele não é nada – e ambas estão certas. O dinheiro é tudo no sentido de que a moeda pode ser transformada em praticamente qualquer coisa através de uma compra. Ele pode se transformar em um pão, em uma Ferrari ou em uma cirurgia para salvar a vida. Mas o dinheiro também é nada, é apenas papel. O dinheiro não tem valor inerente; só é valioso como símbolo do que ele pode comprar.

Os metais preciosos foram a base para o valor do dinheiro durante milhares de anos e é improvável que esse fundamento possa ser desacreditado de repente. Mas não existe motivo lógico para isso não acontecer. Por outo lado, o valor do papel-moeda está sempre mudando. Especificamente, ele está caindo. Atualmente o valor de 1 dólar é menos de 5% do que era quando o Sistema de Reserva Federal foi criado em 1913.

A natureza ambígua do dinheiro leva diretamente aos nossos sentimentos confusos com relação a ele. Deveríamos ser racionais quanto ao nosso dinheiro, e a ciência econômica parece lógica. Porém ela se baseia em suposições um tanto irracionais. O valor do dinheiro, por exemplo, se baseava tradicionalmente no valor subjacente do ouro ou da prata. Mas por que o ouro e a prata são valiosos? Não há motivo lógico. O alicerce de todo o sistema é apenas um acordo não verbalizado, arbitrário, de que determinadas coisas são valiosas e outras não são. O dinheiro tem um fundamento psicológico ou mesmo espiritual que é ainda mais básico do que suas conexões com a razão e a lógica.

Interessante, não é? Mas vamos falar sério. Explorar a história do dinheiro não irá pagar sua fatura do cartão de crédito nem a faculdade dos seus filhos. E sem dúvida não preservará suas contas bancárias no caso de sérias mudanças negativas na economia – exatamente o que este livro irá ajudá-lo a fazer.

As questões do dinheiro estão sempre em um fluxo. Um ciclo interminável de altas e quedas ocorre em todas as áreas, desde o preço do ouro até o do leite. Às vezes as mudanças no ciclo são súbitas e dramáticas. As altas ocorrem, inevitavelmente seguidas por quedas. Mas, como o lado prejudicial de uma queda pode ser ainda maior do que o lado benéfico de uma alta, é crucial impedir que suas finanças pessoais desmoronem mesmo durante quedas na economia geral.

Proteja o seu emprego. Garantir seu futuro financeiro começa com a proteção do seu emprego atual – e proteger seu emprego começa com *querer* protegê-lo. Nem todas as pessoas têm a sorte de trabalhar no que amam. Nem todas têm um trabalho do qual podem ao menos gostar. Mas se você não suporta o seu trabalho, se mal consegue comparecer todos os dias, não será eficaz em protegê-lo, porque – admita ou não –

você não quer *realmente* protegê-lo. Não quer realmente estar lá, para começo de conversa.

Lembre-se de que provavelmente você não terá esse emprego para sempre. Mas certifique-se de tê-lo enquanto o quiser. Torne-o o mais agradável possível.

Pergunte-se: estou aqui só porque tenho medo de não ter outro lugar aonde ir? Se for esse o caso, *encontre* outro lugar. Descubra onde você quer estar e chegue lá.

Mas, se você tem de fato um motivo para fazer seu trabalho além de apenas receber o salário, é importante proteger esse emprego com todo o seu empenho. E não é muito difícil. De novo, uma atitude positiva é importante – porque muitas pessoas não terão isso. Assim, você pode se destacar simplesmente colocando um sorriso no rosto. Ou pelo menos não franzindo a testa.

A maioria das empresas tem uma boa dose de negatividade, reclamações e fofocas. Sempre foi assim e isso é especialmente verdadeiro em períodos de contração econômica. Portanto vá em uma direção diferente. Concentre-se no positivo. Tome a decisão consciente de evitar as pessoas negativas. Elas podem ser muitas, mas encontre as exceções. Se não houver nenhuma, seja você a exceção. Você pode estar totalmente no controle dessa possibilidade, por isso aproveite esse controle.

Mas há muitas coisas que você *não pode* controlar. Em um ambiente corporativo você não pode determinar os humores e caprichos do seu supervisor ou gerente. As decisões tomadas pela diretoria provavelmente estão fora das suas mãos. De novo, o que você pode controlar é *você*: seu trabalho, suas palavras, suas ações, suas atitudes.

O primeiro passo é determinar que aspectos do seu trabalho você pode controlar e quais estão fora da sua influência. O comportamento do seu superior, a direção que sua empresa está tomando, as regras e regulamentos que a empresa impõe são pontos sobre os quais você não tem influência alguma. Novamente, o que você pode controlar é *você* – seu comportamento, suas ações, suas atitudes e – mais importante – sua reação às coisas com as quais precisa conviver.

Depois de assumir o compromisso de permanecer no emprego porque quer ficar nele, veja algumas especificidades para ter em mente.

Conheça sua empresa. O que você realmente sabe sobre o lugar onde trabalha? Sua resposta deveria abarcar muito mais do que o produto ou serviço e os lucros e prejuízos da empresa. Você consegue responder às perguntas a seguir sobre o local onde trabalha? Se não puder, faça algo para mudar essa situação o quanto antes.

- *Qual é a declaração de missão da sua empresa? Se não existir nenhuma, que tipo de declaração você poderia imaginar?*
- *Que obstáculos você enfrenta ao tentar fazer seu melhor trabalho?*
- *Que apoio motivacional a empresa oferece? Se não existe apoio, como você consegue se motivar?*
- *Você se sente capacitado para tomar decisões e ser criativo? Como a empresa lhe dá essa sensação (ou não dá)?*
- *Houve alguma mudança recente na empresa que possa ter afetado sua motivação?*
- *Seus objetivos de carreira e os objetivos da sua empresa estão bem alinhados?*
- *Como os outros empregados se sentem com relação à empresa?*
- *As imagens interna e externa da empresa são coerentes entre si? E quanto à sua imagem interna e externa?*

Seja confiante. Pense de modo proativo em como você pode dar a maior contribuição para a sua empresa, depois coloque esses pensamentos em ação. Não tenha medo de cometer erros razoáveis e bem-intencionados. Um empregado que só "joga na defesa" não pode esperar fazer gols. Pode dar medo ver demissões e cortes no seu ambiente de trabalho, mas isso não vai acontecer com você caso se torne indispensável.

Concentre-se no "cliente" e no "chefe". Pense no seu chefe como seu cliente e no seu cliente como seu chefe – porque na verdade é isso que eles são. Sua responsabilidade primária é servir às necessidades do "cliente". Isso não significa puxar o saco do chefe. Apenas reconheça que um resultado positivo para o seu supervisor significa um resultado positivo para você. A maioria dos administradores não gosta de bajuladores. Os administradores *gostam* de atenção às suas necessidades legítimas.

Os empregados que realizam essas necessidades são recompensados. Simples assim.

Estenda a mão. A palavra *networking* tem sido usada com exagero, porém é importante formar relacionamentos positivos com o maior número possível de pessoas no seu ambiente de trabalho. Além dos colegas íntimos, isso significa se conectar com pessoas de diferentes departamentos e em todos os níveis de responsabilidade. Você nunca sabe quem será promovido e estará em condições de ajudar na sua carreira. Certifique-se de que essa pessoa não seja um estranho.

Faça sua própria divulgação. Sem pegar pesado, certifique-se de que seu chefe saiba de seus feitos e colaborações para a empresa. Há uma linha tênue entre puxar o saco de um chefe e simplesmente informar sobre sua contribuição, de modo que você precisa aprender a caminhar nessa linha. É uma boa ideia criar uma sequência de e-mails sobre suas realizações. Algumas pessoas tentarão assumir o crédito pelo que você fez. O melhor modo de impedir isso é com provas sólidas do que você fez e de quando fez.

Proteger seu emprego exige atenção, mas não é tão difícil quanto você possa pensar. Apenas certifique-se de que você está convencido de que tem um trabalho que vale a pena proteger.

Reduzindo as dívidas

As dívidas são um problema extremamente sério para um número cada vez maior de pessoas. Vejamos alguns fatos e números. Uma família americana média tem 12 mil dólares de dívidas no cartão de crédito e possui nove cartões. Nos Estados Unidos, um cartão de crédito com gastos de 2 mil dólares e taxa de 19% de juros exigirá 12 anos para ser quitado se você fizer o pagamento mínimo mensal – e isso vai lhe custar 4 mil dólares no total.

As pessoas com dívidas ficam diante de um pesadelo de custos que crescem cada vez mais, como altos saldos devedores e taxas de juros injustas, e poupar se torna tarefa cada vez mais árdua. Além disso, as dívidas podem cobrar um preço físico e emocional terrível.

A redução das dívidas pode ser um dos movimentos mais positivos, recompensadores e de mudança de vida que você pode dar. Ela pode melhorar sua saúde, levando a menos estresse, pressão arterial equilibrada e menos dores de cabeça. Uma dívida menor também pode ajudar a manter ou reconstruir seu cadastro positivo, para o caso de um empréstimo ser absolutamente necessário. Além disso, ter menos dívidas também vai lhe proporcionar mais liberdade, que você pode usar para tirar folgas, buscar uma formação ou mesmo mudar de carreira.

Como centenas de milhares de pessoas, você pode achar que está enterrado embaixo de uma montanha de dívidas. Mas é possível reduzi-la quando isso é abordado de modo sistemático. Siga as diretrizes abaixo para começar.

Primeiro, encare os fatos. Não é incomum as pessoas com dívidas estarem totalmente inconscientes de sua realidade financeira. Elas vivem em uma espécie de negação que pode complicar a vida, a não ser que façam algo a respeito. O primeiro passo é a conscientização do problema. Você deve encará-lo de frente.

Eis como fazer isso, passo a passo:

Faça uma lista de todas as empresas às quais você deve (cartões de crédito, financiamento de automóvel, carnês de lojas, empréstimos estudantis, etc.) Acrescente sua dívida de empréstimos e os gastos mensais. Agora veja qual é o total. Você pode ficar surpreso com a quantia. Pode até ficar horrorizado. Mas pelo menos está sabendo, e esse é o primeiro passo para a liberdade financeira e para a paz de espírito.

Livre-se dos cartões de crédito que não sejam essenciais. Quanto menos cartões você tiver, menos tentação terá de gastar. Corte os cartões em pedaços, em seguida telefone para as empresas e informe, de modo que não haja aberturas para fraudes com o seu cartão. Não adquira novos cartões.

Fique só com um cartão para situações de emergência ou viagens. Esse deve ser o cartão com menor taxa de juros e menor anuidade. Quando escolher qual deles irá manter, não preste atenção à oferta temporária, já que isso não vai durar o suficiente. Leia as letras miúdas na fatura mensal para determinar que cartão é de fato menos caro. Priorize seus pagamentos. As dívidas com juros altos devem ser pagas primeiro. Entre elas estão financiamentos de imóveis e veículos. Com todas as dívidas, sempre que possível pague acima do valor mensal. Ao fazer isso você poderá reduzir a dívida mais depressa e poupar dinheiro evitando os juros compostos.

Concentre suas dívidas ao máximo. Transfira todas as suas dívidas de cartão de crédito para o cartão com menor taxa de juros que você decidiu manter. Pode parecer uma chateação, mas, se você conseguir reduzir as taxas de juros ao menos um pouquinho, isso pode lhe poupar uma quantia surpreendente.

À medida que seus esforços de redução de dívidas começarem a funcionar, use o dinheiro poupado para pagar mais ainda suas obrigações. Estar totalmente livre de dívidas é o objetivo final. É uma missão de alta prioridade tendo você como causa e beneficiário ao mesmo tempo. Você precisa estar disposto a fazer qualquer coisa para levantar dinheiro com o objetivo de ficar livre das dívidas o mais rapidamente possível. E de modo definitivo.

"Afaste a cadeira da mesa"

Quando as coisas estão indo muito bem na economia é fácil pensar que a situação continuará assim para sempre. Quando ela muda, também é tentador achar que ela jamais irá se recuperar. Ninguém sabe o que o futuro financeiro nos reserva, e de certa forma isso não importa. A verdadeira questão é: independentemente do que aconteça, você terá forças e informação suficientes para enfrentar isso do melhor modo possível?

As pessoas reagem de muitas maneiras diferentes aos desafios financeiros. Muitas entram em uma espécie de negação, recusando-se a aceitar que precisam se adaptar – ou, mais especificamente, que precisam reduzir os gastos.

A arte de sobreviver aos tempos difíceis reside em afastar a cadeira da mesa sem morrer de fome. É preferível fazer uma avaliação realista da sua situação sem cair em uma mentalidade de escassez e privação.

Comece examinando a sua relação com o dinheiro. O que você espera que o dinheiro lhe traga? O que você tem medo de perder se não houver tanto dinheiro quanto no passado? Depois seja mais específico. Até que ponto você tem consciência dos custos inegociáveis de manter seu estilo de vida? As contas de serviços públicos? Os pagamentos do carro? O aluguel ou o financiamento do imóvel? Muitas pessoas têm uma percepção surpreendentemente vaga de quais são suas verdadeiras responsabilidades financeiras. Mas em momentos difíceis na economia ninguém – nem mesmo quem é rico – pode se dar ao luxo de ser impreciso com relação às suas finanças. As coisas estão mudando muito depressa para isso, e pelo menos a curto prazo elas não mudarão para melhor.

Quando você tiver uma visão clara da situação, poderá passar das responsabilidades financeiras que você não pode mudar para aquelas que pode controlar. Ou seja, essas são as áreas em que você pode cortar custos – e não será tão doloroso quanto você possa imaginar. Há uma boa chance de se sentir mais liberado do que restringido. Frequentemente começamos pensando em alguma coisa como sendo um luxo e em pouco tempo ela parece ser uma necessidade. Mas isso só acontece porque caímos na armadilha de confundir luxos com direitos.

Essa nova percepção é mais do que apenas um passo na direção de poupar dinheiro. É outra oportunidade de se colocar no controle, o que ajudará a combater qualquer sentimento de impotência e vitimização que uma dificuldade econômica possa trazer. Juntamente com uma análise realista e franca dos seus gastos, você também precisará de um compromisso e da disposição de mudar. As condições de mercado relativas a moradia, ações e outros investimentos podem trazer complicações, por isso prepare-se para atacá-las em vez de se esconder delas. As principais exigências são bom senso, percepção e decisão de agir de modo positivo.

Para ultrapassar um período de dificuldades com o menor desconforto possível, uma família típica precisará inevitavelmente reduzir os gastos, às vezes de modo dramático. As primeiras coisas a examinar são os itens de alto custo que não sejam de fato questões de vida ou morte. Férias caras, carros novos, eventos esportivos são itens opcionais e não necessários. Você pode cortá-los muito mais facilmente do que as receitas médicas ou a conta do gás.

Aqui vão alguns modos de reduzir os gastos. Existem muitos, muitos outros. Converse com amigos e familiares e você descobrirá um bocado de ideias.

Internet, TV a cabo e serviços telefônicos. Se você examinar com cuidado as contas desses serviços, descobrirá que provavelmente está pagando por mais serviços do que usa. Pare de pagar pelo que não usa.

A internet de alta velocidade se tornou uma necessidade hoje em dia. É algo essencial, como eletricidade ou gás. Mas existem variações significativas de preço entre um provedor e outro, e você pode não precisar de todos os badulaques que algumas empresas tentam vender. Se você pode se conectar à web e acessar seu e-mail, talvez já tenha aí tudo de que precisa.

Se já teve algum problema com o seu serviço – e cedo ou tarde a maioria das pessoas tem –, não hesite em falar com o provedor. Frequentemente eles irão descontar na sua conta, sobretudo se acharem que você está com raiva e a ponto de cancelar o serviço.

Se você usa muito o celular, faz sentido cancelar a linha fixa. Tenha em mente, também, que hoje em dia é possível fazer ligações gratuitas para qualquer lugar do mundo por meio de aplicativos de internet.

Comida. Durante anos as pessoas optaram por comprar marcas anunciadas nacionalmente e não aquelas associadas aos supermercados. Houve um tempo em que essa decisão pode ter sido sábia, mas não é mais. Os produtos com marcas de mercados têm a mesma qualidade dos de marcas famosas – na verdade podem vir do mesmo atacadista – e costumam custar de 20% a 50% menos. Procure carne vermelha, frango ou peixe que estejam em oferta. A economia é significativa, especialmente quando você compra em grande quantidade para congelar.

Gasolina. Não existe motivo para usar gasolina que não seja a comum a menos que você tenha uma Ferrari – e, se você tem uma Ferrari, talvez esta seja uma boa hora para vendê-la!

Medicamentos. Sempre verifique com seu médico se a medicação que está sendo receitada tem equivalente genérico. Praticamente não existe diferença entre o remédio de marca e o genérico, e a diferença de preço pode ser significativa.

Ar condicionado doméstico. Ponha o termostato um grau acima durante oito horas por dia e você poupará 5% na conta de energia durante o verão.

Assinaturas. Se você se sente confortável lendo no computador, pense em cancelar as assinaturas de jornais e revistas impressos e leia on-line. Você pode nem ter opção. Muitas publicações simplesmente estão deixando de sair em papel e se tornando eletrônicas.

Pesquisas mostram que 60% dos americanos se preocupam com a possibilidade de ficar sem dinheiro. Em vez de se preocupar, faça algo a respeito. Aja. Em vez de ser indulgente, poupe, reduza e conserve. Independentemente de quanto você poupar, seus esforços lhe permitirão abandonar a sensação de impotência e vitimização que um período de dificuldades econômicas costuma provocar.

Permaneça calmo, permaneça positivo

Em períodos de desafio financeiro as pessoas costumam se sentir sufocadas ou mesmo em pânico. E isso é compreensível, mas infelizmente essa reação só piora as coisas. Até que a situação externa melhore, o modo mais eficaz de enfrentar a tempestade é permanecer calmo e positivo. E se você está pensando "É mais fácil falar do que fazer", bom, vejamos como fazer.

Quando estiver refletindo nas maneiras mais eficazes de permanecer calmo, pense em termos de vida *interior* e vida *exterior*. A primeira trata do que se passa na sua cabeça, seus pensamentos, suas emoções e seus objetivos. A vida exterior tem a ver com o que você faz: suas ações, reações e outros comportamentos.

Vida interior

Comece sendo gentil consigo mesmo. Ninguém é perfeito. Pare de querer ser perfeito e de exigir que as pessoas que você conhece também sejam. O seu melhor é sempre suficiente. Se você baixar as expectativas e tentar aceitar, e até mesmo celebrar, a imperfeição, irá experimentar muito menos tensão na vida. E o seu trabalho será muito mais tranquilo.

Abandone a lente de aumento. Fazer tempestade em copo d'água só lhe causará uma bruta dor de cabeça. Tente colocar as coisas na perspectiva correta. Quando estiver diante de uma situação difícil ou de um grande dilema, pergunte-se: "Isso é realmente importante?" Quanto maior você tornar a coisa, mais difícil será lidar com ela.

A procrastinação mata. Todos tendemos a deixar tudo para o último minuto. Isso é particularmente verdadeiro para as pessoas que têm vida movimentada, ativa. Mas a quantidade de estresse e tensão provocada pela procrastinação é grande demais. Administrar seu tempo e aprender a trabalhar por incrementos fará uma diferença enorme.

Vida exterior

Respire fundo. A maioria das pessoas não respira direito. Respira de modo superficial ou até prende a respiração inconscientemente durante alguns períodos. Ao fazer isso elas estão comprometendo o próprio relaxamento e a própria saúde. Preste atenção na respiração. Algumas vezes por dia pare o que estiver fazendo e respire fundo. Encha os pulmões e prenda o ar por um momento. Agora solte o ar pelo nariz. O efeito é calmante e permite que você trabalhe com mais eficiência.

Jogue bem com os outros. Para muitas pessoas a parte mais irritante da existência cotidiana é interagir com outros seres humanos. A prática do "viva e deixe viver" é muito recomendada. A compreensão de que a curto prazo você pode fazer pouca coisa – ou talvez absolutamente nada – para mudar outra pessoa é uma chave para a coexistência pacífica. O melhor que você pode fazer é aceitar seus colegas e se comunicar com eles do modo mais claro possível, tendo sempre em mente que ninguém consegue ler pensamentos.

Exercite-se. É incrível como os exercícios físicos podem contribuir para a sensação de calma. Você provavelmente já ouviu falar nas endorfinas, as substâncias químicas liberadas no cérebro durante os exercícios, promovendo sensações de bem-estar. As endorfinas são verdadeiras, assim como a autoestima que resulta de cuidarmos de nós mesmos. Não precisam ser duas horas de malhação nem uma maratona. Uma simples corrida em volta do quarteirão pode livrar você do estresse e da raiva indesejados.

Durma bem. Outro recurso básico para a calma é o sono reparador. Parece óbvio, no entanto a importância do sono costuma ser ignorada pelas pessoas que sofrem de estresse. Mas não há nada melhor que uma boa noite de sono para clarear os pensamentos e restaurar as energias. E nada é mais prejudicial para a saúde ou para a eficiência no trabalho do que dormir mal. O álcool e a cafeína não devem ser consumidos antes de dormir. Ler um livro reconfortante ou tomar um banho quente ajudam a garantir uma boa noite de sono. Além disso, o hábito de dormir bem à noite costuma eliminar a necessidade de cochilos durante o dia e esse tempo pode ser dedicado ao trabalho.

Assim como fizemos ao falar sobre permanecer calmo, dividiremos o segmento sobre permanecer positivo em vida interior e vida exterior.

Vida interior

Verifique suas percepções. Muitos pensamentos negativos se baseiam em uma percepção incorreta das situações. As pessoas tendem a imaginar as piores situações possíveis e a acreditar nelas. Por isso é importante examinar de modo claro e racional os fatos. Frequentemente, se você tirar a emoção da perspectiva, o quadro parece muito mais realista e otimista.

Pior hipótese possível. Você também pode usar a pior hipótese possível a seu favor. Permita-se imaginar o pior resultado possível para qualquer situação que estiver enfrentando. Olhe realmente. Enfrente o medo. Sinta como seria. Assim que voltar à realidade você terá a sensação de que enfrentou o pior e sobreviveu. Essa experiência tornará muito mais fácil encarar aquilo com que você realmente irá lidar.

Pinte quadros positivos. Assim como você usou a imaginação para evocar imagens da pior hipótese possível, pode fazer o mesmo para alcançar o oposto. Pense em uma situação que está para acontecer. Imagine como as coisas seriam idealmente. Enxergue-se dentro dessa visão. Observe tudo correndo muito bem. Acrescente todos os detalhes que puder. Torne o quadro o mais real possível. Faça isso sempre que quiser. Um momento particularmente bom é pouco antes de dormir.

Vida exterior

Atenção ao que você diz. Seu cérebro ouve e acredita nas mensagens que você manda para ele. O que quer que você diga ou pense, não importa quão ridículo ou irreal seja, pode ser levado a sério pelo seu subconsciente. Portanto é uma boa ideia prestar atenção nos pensamentos e nas palavras, e, quando perceber mensagens negativas, troque-as por outras positivas. Isso exige treino, mas você pode reiniciar seu processo mental, o que por sua vez terá um impacto em toda a sua vida.

Não ignore seus sentimentos. Quando você tem sentimentos negativos e os esconde ou ignora, eles continuam a viver dentro de você, infeccionando e crescendo como uma bola de neve. Esses sentimentos ainda têm peso emocional e você precisa arrastá-los como uma bagagem pesada. O melhor modo de processar ou abandonar esses sentimentos é simplesmente encontrando alguém com quem falar sobre eles – alguém em quem você confia, um amigo, colega ou familiar, ou mesmo um terapeuta. Tire o peso das costas. Agarrar-se a sentimentos negativos não lhe fará bem. Certamente não irá lhe render dinheiro algum.

Invista em você mesmo

Se há uma coisa com a qual as pessoas ricas e bem-sucedidas concordam, é que o aprendizado não precisa parar depois da faculdade. Elas sabem que chegaram aonde estão porque continuam comprometidas em desenvolver e aprofundar seu conhecimento.

Aprender é sempre fundamental para o avanço na carreira, mas especialmente em momentos de recessão. As empresas estão reduzindo custos, empregos são perdidos e os empregadores estão observando os empregados com mais atenção para ver se merecem ser mantidos na folha de pagamento.

Este é um tempo de riscos, de competição acirrada, quando o seu valor para a empresa precisa ser o maior possível. O melhor modo de remover o risco e aumentar o seu valor é investir em você mesmo. O que implica aprender novas habilidades, desenvolver contatos melhores e expandir seu conhecimento. Para isso você precisa se tornar proativo. Não espere que a oportunidade o encontre. É você que precisa encontrar a oportunidade.

Comece na sua empresa

Sem dúvida a sua empresa tem um departamento de recursos humanos. Familiarize-se com as políticas internas de onde você trabalha. Algumas empresas oferecem planos de desenvolvimento profissional e podem até financiá-los. Isso seria ideal, já que os custos de formação costumam ser bastante altos.

Formação continuada

Talvez você queira fazer uma proposta vantajosa para o seu gerente. Peça que a empresa pague pela sua formação. Você precisará apresentar um argumento impecável sobre como seu novo conhecimento irá beneficiar a empresa, mas isso não é tão difícil. Pode ser útil argumentar que qualquer despesa da empresa provavelmente será deduzida dos impostos. Verifique isso antes de fazer a proposta.

Talvez você não tenha tempo fora do trabalho para avançar na sua formação. Boa parte disso pode ser feita pela internet. Ainda haverá alguma despesa, mas você pode argumentar que hoje em dia as vantagens de obter mais conhecimento têm um custo significativamente menor do que no passado.

Redes de contatos (networking)

Existem muitos modos de ampliar sua rede de contatos, para seu benefício e para o bem da sua empresa.

- *Eventos de networking empresarial.* Há muitas convenções e muitos seminários badalados no mercado, mas você pode aprender igualmente em eventos menores na sua área de atuação. Eles não são difíceis de encontrar.
- *Eventos na associação comercial da sua cidade.* Esses são ótimos lugares para fazer contatos empresariais e encontrar novos caminhos para a sua empresa. Geralmente não custam nada.
- *Foros de interesse especial.* Reuniões focalizadas, como fóruns de capital de risco, são mais comuns do que você imagina e frequentemente acontecem na sua cidade.

- *Almoços de negócios.* Sua empresa pode ter conhecimento de almoços de negócios informais, que estão se tornando muito comuns. Você só precisa pedir para participar. É o tipo de coisa que só irá mantê-lo afastado do escritório por algumas horas.

Desenvolvimento pessoal

O método mais econômico de desenvolvimento pessoal é a esquecida arte da leitura. Pode ser exercida em seu tempo livre, tem uma ótima relação custo-benefício e você nem precisa ligar um livro na tomada.

Assim, dê um pulo na biblioteca ou em uma livraria da sua região. Tire algum tempo para folhear. Você ficará surpreso ao ver quanta coisa já foi escrita sobre suas áreas de interesse pessoais. Comprometa-se a ler pelo menos um livro por mês. Pode ser uma boa ideia usar as listas de best-sellers como fonte para selecionar seu material de leitura. Consulte-as a cada semana nos jornais ou nas revistas.

O investimento em si mesmo é o melhor que você pode fazer para garantir seu futuro. É, isso ocupa uma parte do seu tempo livre e da sua energia, e você precisará definir prioridades. Mas esse processo fará com que você conheça novas pessoas, faça novos amigos e aprenda algo novo. É uma troca excelente.

Peça ajuda

Existem muitas fontes de assistência para prevenir problemas financeiros e também para enfrentá-los se e quando acontecerem. Amigos e familiares são a primeira opção óbvia, mas talvez você não se sinta confortável para revelar suas dificuldades financeiras às pessoas próximas. É interessante imaginar o motivo desse constrangimento, mas não precisamos tratar dele agora. Em vez disso, vamos procurar fontes externas para lidar com problemas relacionados ao dinheiro.

Planejadores financeiros

Os planejadores financeiros pessoais são profissionais que aconselham os casais ou os indivíduos a administrar o próprio dinheiro. Tipicamente isso implica planejamento imobiliário, fiscal e às vezes a administração de dívidas. Mas na maior parte os planejadores financeiros não são gerenciadores de crises e, além disso, frequentemente dedicam-se a clientes mais abastados. Não raro, eles não somente avaliam a condição financeira das pessoas como também tentam vender investimentos aos seus clientes. Não há nada de errado ou antiético nisso, mas pode não atender às necessidades de grande parte da população. Além disso, consultar um planejador financeiro pode ser bastante caro: em geral custa entre 150 e 300 dólares por hora, nos Estados Unidos.

Coaching

Para muitas pessoas, afiliar-se a um *coach* pessoal financeiro é uma opção atraente. Em geral os clientes dos *coaches* não estão limitados a indivíduos com alta renda e os *coaches* não tentam vender investimentos. Mas a certificação dos *coaches* financeiros pessoais pode não ser tão organizada ou rigorosa quanto a dos planejadores financeiros. Por esse motivo é importante definir claramente suas necessidades e expectativas e examinar com atenção as qualificações do *coach* que você contrata.

As qualidades necessárias para um bom *coach* são diferentes das necessárias para outros profissionais de finanças. Aqui vão algumas capacidades que você dever procurar em um *coach*. Você pode e deve reconhecê-las antes mesmo que o assunto dinheiro seja abordado.

Capacidade de ouvir. No *coaching*, ouvir é mais importante do que falar. Sendo ouvidas, as pessoas podem ser ajudadas a superar os medos, a receber objetividade completa, atenção integral e apoio sem paralelos. Isso leva ao questionamento intuitivo que permite aos clientes explorar por si mesmos o que está acontecendo. Você precisa sentir que seu *coach* é um excelente ouvinte antes de contratá-lo por períodos mais longos. Se não houver capacidade de ouvir, nada poderá compensar essa ausência.

Capacidade de comunicação. O *coaching* é um processo de mão dupla. Ouvir é crucial, mas ser capaz de interpretar e refletir de volta de modo a remover barreiras, preconceitos, tendências e negatividade também é. Comunicar-se bem permite que a confiança e a verdadeira compreensão se estabeleçam dos dois lados.

Os *coaches* são capazes de comunicar sentimento e sentido, além de conteúdo – há uma diferença enorme entre essas coisas. É essencial comunicar-se sem objetivo pessoal e sem julgar ou influenciar, especialmente ao lidar com as ansiedades, esperanças e sonhos das pessoas.

Um bom *coach* usa a comunicação não apenas para dar respostas aos clientes, mas para ajudá-los a encontrar as respostas por conta própria.

Construção de relacionamento. A capacidade do *coach* para construir relacionamento com as pessoas é fundamental. Normalmente essa capacidade brota do desejo de ajudar as pessoas, algo que todos os *coaches* costumam ter. A construção do relacionamento se torna muito mais fácil no *coaching*, em comparação com outros serviços, porque o *coach* se concentra apenas no cliente. Quando um *coach* apoia uma pessoa desse modo, a construção do relacionamento naturalmente se acelera.

Motivar e inspirar. Os *coaches* motivam e inspiram as pessoas. Essa capacidade existe em todos nós. Ela nasce do desejo de ajudar e apoiar. As pessoas que se sentem dispostas a ajudar os outros normalmente são capazes de motivar e inspirar. Quando as pessoas recebem atenção e investimento por parte de um *coach* para atuar no seu bem-estar e no seu desenvolvimento, isso é motivador e inspirador.

Abrir mão de tudo. Ou pelo menos de uma parte

Se você aprendeu alguma coisa neste capítulo, deve ser que o dinheiro não é um fim em si. Ele só é relevante pelo que pode fazer, e é você quem determina isso. O principal objetivo de algumas pessoas com relação ao dinheiro é deixar um patrimônio para os filhos. Elas costumam dizer "Não quero que eles passem pelo que eu passei". Nos Estados Unidos, outras pessoas se preocupam em evitar que seu patrimônio caia nas mãos do imposto sobre heranças. Elas se preocupam menos com o que podem fazer com o dinheiro do que com o que outra pessoa faria com ele se tivesse a chance. Um terceiro grupo vê as coisas de modo totalmente diferente. Algumas pessoas ricas querem que seus herdeiros fiquem com menos do que a totalidade do patrimônio. Isso se baseia na crença de que a natureza humana não se beneficia da riqueza que não foi merecida. "Você precisa ganhar dinheiro à moda antiga. Precisa merecê-lo."

O mais conhecido defensor dessa crença é Warren Buffett, o ícone dos investimentos na bolsa de valores e uma das pessoas mais ricas do mundo. Por muito tempo Buffett tem sido defensor da baixa tributação, com uma exceção importante. Ele apoiaria um imposto de 100% sobre as heranças. Desse modo todo mundo começaria a vida com oportunidades iguais, independentemente daquilo que seus pais ou avós tivessem feito. Em teoria isso garantiria que todo mundo se esforçasse mais e haveria um efeito benéfico para toda a sociedade.

Na verdade têm surgido vários relatos de como Warren Buffett deseja fazer isso. Ele pode não defender a eliminação completa da herança, mas definitivamente quer limitá-la. Disse, inclusive, que os pais ricos deveriam deixar os filhos com dinheiro suficiente para fazerem o que quiserem, mas não com o suficiente para não fazerem nada. Além disso, ele ofereceu um legado de 31 bilhões de dólares para a Fundação Bill & Melinda Gates – uma quantia que ficará para sempre fora da sua família. Com isso, Warren Buffett abriu um debate fundamental sobre o conceito de legado financeiro. É melhor limitar o que você passa adiante e não mimar seus herdeiros ou deixar que eles herdem a riqueza e a aumentem? Independentemente do que você queira fazer com o seu, desenvolver um patrimônio incorpora muitas das mesmas técnicas usadas com o objetivo de poupar para uma segunda casa ou para a faculdade dos filhos.

Primeiro, a que lugar você deseja chegar, em termos financeiros? Estabelecer um objetivo financeiro não é diferente de escolher um destino de viagem. Você está tentando chegar a algum lugar com seu dinheiro. Está tentando alcançar um certo objetivo – e saber quais são seus objetivos significa tudo na administração do dinheiro. Se você não sabe onde quer estar, não saberá como chegar lá. E não saberá como evitar ou minimizar os riscos do caminho. Você pode nem mesmo reconhecer os riscos.

Segundo, quanto tempo você tem para chegar aonde quer estar? O tempo que você tem para alcançar seu destino financeiro determinará o nível de urgência que sente. De novo: é como planejar uma viagem. Uma vez que você sabe qual a distância a percorrer, passa a ficar mais confortável com o tempo que tem para chegar ou pode precisar de mais tempo, ou talvez precise ajustar o objetivo para atender ao seu prazo.

O tempo é um fator gigantesco nos investimentos. A relação entre seu tempo e seu objetivo sempre representará um papel importante no seu planejamento. Se você tem 5 horas para viajar 500 quilômetros, irá planejar a viagem de modo diferente do que se tivesse 5 horas para viajar apenas um décimo dessa distância. Com o dinheiro é a mesma coisa. Você precisa saber até onde precisa ir e em quanto tempo. Esse é o único modo de criar um plano inteligente para chegar lá.

Pergunta número três: onde você está agora na sua vida financeira? Quanto você pode investir neste momento para chegar ao seu objetivo? Qual é o ponto de partida? A resposta vem em duas partes: seu patrimônio líquido, que é o valor de tudo que você possui menos as dívidas que precisa pagar; e seu fluxo de dinheiro mensal, que mostra seus padrões de ganhos e despesas a cada mês. É uma foto de como o dinheiro flui para dentro e para fora da sua vida. Quando essa informação está clara na sua mente, você pode começar a tomar decisões mais conscientes. Se quer criar um legado de renda passiva de 200 mil dólares, por exemplo, pode ver quanto dinheiro consegue destinar a esse objetivo agora mesmo. Você pode ter 25 mil dólares em um plano de aposentadoria e 15 mil dólares em uma poupança. Você não quererá tocar no plano de aposentadoria, mas talvez possa transferir o dinheiro da poupança para algo que beneficie seus herdeiros.

A quarta e última pergunta: que ativos financeiros lhe permitirão alcançar seu objetivo no tempo disponível? Quando você planeja uma viagem, precisa saber até onde precisa ir e quanto tempo tem para chegar lá. De posse dessa informação, a escolha do veículo e da rota deve ser óbvia. As decisões de investimento e planejamento de patrimônio também podem ser claras. Você só precisa saber quais são seus objetivos de legado e se familiarizar com os veículos que podem levá-lo até lá.

Há mais a dizer sobre planejamento de legado que vai além do escopo deste livro, e há muito mais a dizer sobre dinheiro e classe. Para você não ficar assoberbado, o capítulo 17 oferecerá algumas ferramentas para viver de maneira próspera e confortável como uma pessoa de classe – não apenas na sua cidade, mas na sua pele.

17

Não se preocupe, tenha classe

Nos últimos anos muito se escreveu a respeito do estabelecimento de objetivos. Existe um trecho sobre isso em praticamente todos os livros que tratam de desenvolvimento pessoal. Mas há uma razão. As pessoas percebem a importância dos objetivos e querem fazer isso do modo correto. Assim, com a compreensão de que nosso objetivo final é ter classe e nos tornarmos pessoas inesquecíveis, vejamos o que implica estabelecer objetivos – e alcançar os objetivos – com sucesso.

Estabelecer um objetivo pessoal ou profissional é recompensador. Mas os objetivos não deixam de apresentar perigos. Se você abrir mão de outras responsabilidades ou pegar atalhos simplesmente para alcançar o objetivo que estabeleceu para si mesmo, os custos podem ser maiores do que os ganhos.

E mais: desde o início, os objetivos não devem ser muito altos nem muito baixos. E o prazo para alcançá-los precisa ser desafiador mas viável.

Desde o início veja o fim. Você consegue visualizar uma árvore quando segura uma semente na mão? Não é algo lógico, mas você sabe que pode acontecer. Consegue imaginar uma empresa multimilionária quando escreve uma ideia em um guardanapo? Isso também pode acontecer – talvez possa –, mas é você que precisa fazer com que aconteça. A maioria dos planos escritos em guardanapos não dá em nada. Mas nem toda semente vira árvore também.

Ainda que alguns livros usem os termos de modo quase intercambiável, um objetivo não é o mesmo que um sonho. Os objetivos devem ser alcançáveis realisticamente, e não teoricamente possíveis. Os sonhos têm seu lugar, certamente. A força de uma visão, não importa quão improvável seja, pode mudar sua vida. Mas não passe a vida pensando em ganhar o torneio U.S. Open de tênis a não ser que alguém além de você diga que isso é uma boa ideia. Fantasiar é divertido, mas não é realidade.

Visualizar um resultado realista – enxergar-se mentalmente alcançando seu objetivo no mundo real em que vivemos – é um primeiro passo crucial para estabelecer objetivos. Um "filme interior" de você chegando ao seu objetivo é extremamente valioso. O filme pode até ser uma comédia, mas não uma animação!

Faça uma lista dos passos práticos necessários. Essa lista será outro passo para tirá-lo das nuvens e colocá-lo no mundo real. Ela irá esclarecer o que é realmente necessário para começar e eliminar o que é meramente acessório.

Se você quer um novo emprego ou uma carreira diferente, precisará atualizar seu currículo – esse é o primeiro passo na sua lista. Outros passos podem ser pesquisar o mercado de trabalho e descobrir sites na internet para postar seu currículo. Enquanto continua com a lista – inclusive com prazos para realizar cada item –, saiba que simplesmente decidir que você quer um novo emprego não é um objetivo suficientemente claro. Quando você estabelece um objetivo, ele precisa ser definido a partir do destino, e não do ponto de partida. Escrever "Quero ter um novo emprego em seis meses" é vago demais. Você poderia ter um emprego novo que fosse ainda pior que o atual. Nesse caso o objetivo foi alcançado? Anotar uma lista boa pode ajudar você a se concentrar *exatamente* no que deseja, o que é um passo fundamental para chegar lá.

Identifique obstáculos potenciais e planeje como superá-los. As barreiras no caminho dos seus objetivos aparecem em todas as formas e tamanhos. Mas são muito menos ameaçadoras quando você as enxerga a tempo.

Isso não implica que você deva se concentrar em absolutamente todas as coisas que possam dar errado. Sempre haverá surpresas e alguns reveses são inevitáveis. Mas você quererá ser prudente para evitar que um problema faça com que seu objetivo desmorone subitamente.

Por exemplo, obrigações financeiras inesperadas podem ser um revés se o seu objetivo é poupar para comprar uma casa – assim, espere o inesperado. Crie uma poupança especial como fundo de emergência. Faça um depósito nessa conta a cada mês. Pode ser um depósito pequeno, mas ele será importante se – e quando – você precisar.

Acompanhe o seu progresso. Mantenha-se no caminho do seu progresso com a ajuda de um diário. Pode ser um arquivo de computador ou uma cópia impressa, mas deve ser atualizado frequentemente – pelo menos várias vezes por semana. Além disso, o diário pode ser um lugar para tomar notas, fazer alterações no seu objetivo e ver o que você realizou no correr do tempo. Seu diário pode também inspirá-lo a se manter no rumo caso comece a se desviar e pode lhe dar encorajamento documentando quanto você já caminhou.

Estabelecer e alcançar objetivos são elementos fundamentais para você se tornar uma pessoa inesquecível. E é uma ação contínua. Você deve estar sempre em busca de novos objetivos que valham a pena, mesmo antes de ter alcançado os atuais. Os passos a seguir irão ajudá-lo a identificar novas oportunidades e colocá-las nos seus planos.

Reconheça a necessidade constante de novas oportunidades. A maioria das pessoas, ao olhar para trás, consegue ver momentos de oportunidades que elas simplesmente deixaram de enxergar. Tudo bem. Isso acontece com todo mundo. Mas não é algo que você queira que aconteça de novo. Você pode ter certeza de que, se uma oportunidade se apresentasse hoje, você a reconheceria? Muitas pessoas passam a maior parte do tempo no piloto automático. Não estão com a mente aberta para as oportunidades; não estão ativamente alertas para elas. Mas a sorte favorece quem está preparado para recebê-las.

O primeiro passo para enxergar novas oportunidades é decidir que, seja na carreira ou na vida pessoal, as coisas poderiam ser ainda melhores se você encontrasse algo novo. É preciso alguma classe para admitir isso. É necessário ter honestidade para admitir, mesmo que apenas para si mesmo, que a vida que você trabalhou tanto para alcançar ainda pode se beneficiar com melhorias e que enxergar novas oportunidades é o meio para alcançar esse objetivo.

Inspire-se com os outros. Informe-se sobre as circunstâncias que levaram outras pessoas a descobrir oportunidades. Por trás de todo grande sucesso – seja o de Isaac Newton ou o de Bill Gates – existe uma história de trabalho duro, sorte e o dom de enxergar coisas de que as outras pessoas precisavam e se aproveitar disso.

Vá além da sua zona de conforto. É praticamente impossível identificar novas oportunidades quando você permanece onde sempre esteve. O medo, a recusa a agir ou a simples inércia são inimigos da oportunidade. Pessoal e profissionalmente, quase todos temos uma zona de conforto que nos isola de reconhecer a oportunidade quando ela surge. É quase espantoso o fato de podermos nos conformar tão facilmente à monotonia de um emprego, encontrar conforto nele e ficar até mesmo abalados com a possibilidade de mudança de cenário – ainda que essa mudança possa ser bastante favorável.

Mas zona de conforto é isso. Em última instância, é algo destrutivo e profundamente limitador. Mas é tão confortável! Qualquer que seja sua zona de conforto, para reconhecer oportunidades e fazer mudanças em qualquer aspecto da vida você precisará, antes, reconhecer que está nessa zona e dar passos desconfortáveis para sair dela.

Descarte suas ideias preconcebidas. Se aparecer alguma oportunidade fora do seu padrão, não sucumba à tentação de não ir atrás dela só porque "provavelmente não dará certo". Ou porque é cara demais, ou porque é arriscada demais, ou porque tem grande potencial de causar desapontamento. O último passo para reconhecer as oportunidades é pôr de lado esses vieses reflexivos. Aprenda a enxergar além da negatividade automática e ver a oportunidade como ela realmente é. Pode ou não dar certo. Mas é uma oportunidade a ser considerada, e não simplesmente ignorada ou evitada.

Por exemplo, você pode achar que seu trabalho não é o ideal, mas com o estado atual da economia pode dizer a si mesmo que deveria ser grato por ter um emprego. Não há nada explicitamente errado com esse ponto de vista. Faz todo o sentido. Mas ele não deveria obscurecer o seu julgamento sobre outras oportunidades e fazer com que você as rejeite automaticamente no momento em que surgem. Elas não deveriam ser rejeitadas apenas porque a ideia de abandonar seu emprego é ameaçadora demais. Em vez de presumir que seu emprego atual é seu barco salva-vidas durante a crise econômica e que todo o resto é perigoso demais para ser considerado, por que não pensar que novas oportunidades são criadas até mesmo em momentos difíceis – e que uma delas pode ser boa para você?

Certo, há algum risco nisso. Mas os objetivos que valem a pena e os riscos razoáveis são dois lados da mesma moeda. Estabelecer objetivos na vida é algo que fala a todo mundo porque todos temos coisas novas que gostaríamos de fazer ou ser. Mas partir na estrada para algo novo pode ser difícil. Muitos de nós tendem a se concentrar no fracasso e no desconhecido. Isso pode ser um tanto intimidante: ficamos inseguros diante do desconhecido e da possibilidade de fracasso. Mas também é por isso que somos atraídos para os objetivos. Há um desejo natural de nos lançarmos no desconhecido, irmos para territórios que não nos são familiares e descobrirmos o que nos espera além do horizonte.

Correr riscos é difícil mas necessário. Como pessoa inesquecível, você fará muitas coisas na vida, mas quando olhar para trás verá que nada que valeu a pena foi simplesmente entregue a você. Isso envolve risco – que pode ser avaliado e administrado com os passos descritos a seguir.

Enxergue a recompensa através do risco. Reconheça o risco quando o encontrar, mas antes de qualquer ação divirta-se com ele. Imagine que sucesso louco aconteceria se você corresse o risco e tudo desse certo. Visualize isso em detalhes. Qual seria a sensação, o gosto, o cheiro? Cada detalhe adicional irá ajudar. Pintar esse quadro empolgante irá clarear o motivo pelo qual você talvez queira experimentar algo novo, mesmo com possibilidades arriscadas. Conhecer o seu "porquê" irá ajudar quando avançar for difícil, o que certamente acontecerá.

Além disso, divertir-se com os riscos permite que você se concentre nas possibilidades positivas, e não nas negativas. Começar algo novo pode ser assustador, mas você precisa se concentrar no que pode ganhar, e não em "Qual é a pior coisa que pode acontecer?".

Por fim, conectar-se mentalmente com o seu objetivo final garante que você está indo na direção certa e indica como correr riscos de modo adequado. Você pode estar experimentando preparar o jantar pela primeira vez e está sonhando em criar um jantar gourmet, mas acaba comprando salsicha no supermercado. É, você ia na direção do "sucesso" – ia preparar um "jantar" –, mas não vai alcançar o objetivo que não estiver no seu coração. Se você correr o risco, pode acabar fracassando. Mas, se não correr o risco, já fracassou.

Reconheça as partes difíceis. Você decidiu que está disposto a correr um risco, mas ainda não agiu. Por quê? Analise o risco que você está pensando em correr e identifique a resistência. Sua mente irá para as áreas que você considera que obstruem o caminho para o seu objetivo. A princípio isso vai parecer turvo. Isso porque você não se deu o tempo necessário para descobrir o que existe entre você e seu objetivo. Para correr riscos você precisa ser específico com relação às coisas que precisa superar. Podem ser obstáculos físicos (falta de verba ou não ter os equipamentos necessários) ou intangíveis, como o medo do desconhecido ou a falta de tempo para começar algo novo.

Suponha que você queira aprender a tocar um instrumento musical. Ao analisar por que ainda não aprendeu, pode perceber que não tem um violão, não sabe nada sobre o instrumento, não tem dinheiro para comprar um e não sabe como iniciar o aprendizado. São muitas dificuldades, mas pelo menos agora você tem clareza com relação ao que precisa fazer. A partir daí sua criatividade e sua força de vontade começarão a resolver os problemas. Sua mente inconsciente pode solucionar muitos problemas. O que sua mente inconsciente *não pode* fazer é penetrar na massa escura de medo que está entre você e seu objetivo. Portanto traga isso para a luz do dia. Algum amigo seu tem um violão juntando poeira em um armário? E que tal uma tuba?

Comece! Mark Twain disse: "O segredo para progredir é começar." O maior obstáculo para a mudança é a resistência interior. É fácil ser apanhado na paralisia da análise e passar os dias desenhando sua rota perfeita para chegar aos objetivos. Mas em algum momento você simplesmente precisa começar. Essa é a parte mais difícil, e infelizmente não existe nenhuma dica ou truque secreto, apenas sua força de vontade e o fazer. É por isso que, assim que tiver clareza com relação ao objetivo e estiver pronto para correr os riscos, você deve começar – mesmo que seja um começo complicado. Um começo imperfeito é sempre melhor do que um devaneio perfeito e é muito melhor do que uma boa desculpa.

Você aceitou os riscos e partiu pela estrada em direção ao seu objetivo, então curta a viagem! O sucesso não vem necessariamente depressa, mas ao partir pela estrada você está mais perto do sonho do que nunca. Qualquer coisa que valha a pena terá um custo – essa é uma parte essencial de correr riscos. Sinta orgulho simplesmente por ter começado.

Pode ser fácil se desencorajar, por isso mantenha-se positivo. Consiga amigos aos quais prestar contas e fale com eles sobre seu objetivo sempre que se encontrarem. Fale do seu objetivo com todo mundo que você conhece: pessoas do trabalho, a caixa do supermercado, etc. Você será lembrado do seu objetivo cada vez que os outros perguntarem como está o seu progresso. Não se esqueça de perguntar quais são os objetivos deles. Você ficará surpreso ao ver como são poucas as pessoas que têm objetivos claramente definidos! Isso o motivará. Você é um dos poucos que conhece que está tentando alcançar algo difícil.

É duro começar algo novo, mas é isso que faz o processo valer a pena. Correr riscos permite que você descubra coisas novas sobre o mundo e sobre você. Isso pode expandir seus horizontes. Nada disso acontecerá se ficar sentado no sofá sem se expor a riscos. Coloque seu chapéu de explorador e desbrave o jogo da vida. Olhe para além dos riscos, identifique os obstáculos que precisa superar e comece. Aproveite o tempo para curtir a viagem e comece a pensar no que vai fazer em seguida. Porque, se você mantiver o foco, poderá (e irá!) alcançar um objetivo bem pensado e cuidadosamente planejado.

A única variável é o tempo, e dentro do tempo a única variável é a mudança constante. A mudança pode modificar, alterar, consertar e até mesmo despedaçar, mas sempre transforma. Poucos de nós gostam dela ou mesmo prosperam com ela. No passado a vida de muitas pessoas não mudava significativamente ao longo dos anos. Elas nasciam na mesma fazenda onde morreriam mais tarde. Mas não é assim que vivemos hoje, e isso envolve mudança bem mais profunda do que o surgimento de um novo modelo de iPhone.

Entre alguns exemplos comuns de mudança estão:

- *Afastar-se de um lugar que você chama de lar.*
- *Mudar de carreira.*
- *Encerrar um relacionamento importante.*
- *Enfrentar mudanças e desafios físicos – tudo, desde o ganho de peso ou a perda de cabelos até algo mais sério.*

Aceite a mudança como uma realidade contínua. Em qualquer processo de vida importante, a aceitação é tipicamente a última fase, e não a primeira. Mas a aceitação é sempre fundamental ao confrontar a mudança porque "não se pode dar murro em ponta de faca". O desafio ou a negação só adiam o inevitável.

Então, como uma pessoa inesquecível chega à aceitação? Primeiro evite tentar negar ou mesmo suavizar o impacto pessoal da mudança ao trazer com você elementos demais da condição que você está abandonando. Ao mesmo tempo, você deve manter pelo menos algumas rotinas e relacionamentos bem estabelecidos. Esforce-se para continuar vendo pessoas que você costuma ver. Tenha em mente que, enquanto confronta a mudança e desfaz alguns velhos hábitos, você não precisa abandonar tudo que conhecia. Considere a aceitação da mudança como uma fase de transição que vem e vai como a maré, desde que você permita.

Desenvolva um plano de administração do estresse. Dedicamos um capítulo inteiro aos efeitos destrutivos do estresse e como evitá-los. Se sua vida está em transição, releia aquele capítulo! Todo mundo sabe que a mudança é um caminho espinhoso. Sempre inclui percalços, muitos dos quais são difíceis ou impossíveis de prever. Assim, assuma uma abordagem proativa. Separe algum tempo para desenvolver táticas para lidar com as dificuldades antes que elas apareçam.

Os planos de administração do estresse costumam começar com um exame de como você enfrentou o estresse no passado, e as respostas podem deixá-lo alarmado. Entre os mecanismos prejudiciais para enfrentar o estresse estão a automedicação com álcool ou drogas, o fumo, dormir demais ou empurrar ao máximo as coisas com a barriga. Todas essas são medidas tampão desastrosas que só aumentam o estresse que irá derrubar você mais tarde.

Quando estiver desenvolvendo um plano de administração do estresse para confrontar a mudança, talvez também seja bom aprender algumas técnicas de relaxamento, fazer mais atividades físicas e mudar para uma dieta mais saudável. Quanto melhor você se sentir no geral, menos impacto o estresse causará.

Identifique os pontos positivos. Algumas das lições mais profundas do estilo de vida com classe são muito diretas. São tão simples que nem parecem verdadeiras. "O copo está meio vazio ou meio cheio?" O modo como você responde revela mais do que apenas o que você vê. Revela quem você é.

A eletricidade não seria possível se não fosse a resistência dos fios. Um grande ponto no tênis não poderia acontecer sem uma rede. Nenhuma criança aprende a andar sem cair centenas de vezes, ou mesmo milhares. Praticamente tudo na vida ilustra a natureza entrelaçada entre a realização e a dificuldade. Assim, em última instância, o copo não está meio vazio nem meio cheio. São as duas coisas ao mesmo tempo. Sempre foi assim e sempre será.

Comece a agir a partir das mudanças necessárias. Agora você aceitou a mudança, configurou alguns planos para administrar o estresse inevitável e identificou alguns resultados positivos que podem vir dessa mudança. Resumindo: você reduziu uma grande mudança a um conjunto menos intimidante de mudanças menores.

Agora está pronto para implementar essas mudanças. Não está simplesmente esperando que a mudança caia em cima de você. Seja algum processo burocrático, coisas para jogar fora, decisões para tomar ou adaptações para absorver, mergulhe fundo. Não pegue o caminho passivo que diz: "Vou cuidar disso quando chegar a hora." Tenha em mente que a mudança raramente é assimilada em um instante. O tempo pode ser seu aliado, portanto deixe o tempo trabalhar.

Ao longo do processo você cometerá erros. Já discutimos a importância de se perdoar por decisões táticas ruins. Mas outros níveis de erro podem ser mais difíceis de digerir à medida que você trabalha para se tornar uma pessoa inesquecível. De algumas coisas você irá se arrepender profundamente. Algumas ações farão você sentir culpa, talvez por muitos anos. Como você deve enfrentar isso?

Uma consciência pesada é algo doloroso e a vida pode ficar mais difícil até que você encontre uma solução para o julgamento que faz de si mesmo. A boa notícia é que a necessidade de limpar a consciência implica a *existência* da consciência. Você não é um sociopata que não se importa com os outros. É uma pessoa decente que cometeu alguns erros. É alguém de classe ou está em vias de ser.

Limpar a consciência – perdoar-se em um nível emocional ou mesmo espiritual – não costuma ser uma tarefa simples. Mas é fundamental. Aqui vão alguns passos que você pode dar na direção desse objetivo valioso.

Mire no que está incomodando. O primeiro passo para limpar a consciência é isolar o que está roendo você por dentro. Às vezes é difícil admitir exatamente o que é. Consequentemente, essa coisa flutua na mente como uma nuvem de fumaça tóxica, ficando mais ameaçadora cada vez que a evitamos. Use uma linguagem honesta para definir essa nuvem. Visualize-a em termos nítidos, sem interferências, para isolar sua natureza exata.

Em *Ricardo III,* de Shakespeare, o rei demora até o último ato para confrontar a própria consciência – ou sua consciência o confrontar. Ele sonha que todas as pessoas que matou no caminho para se tornar rei voltam, uma de cada vez, e dizem que ele morrerá na batalha do dia seguinte. Ele acorda e grita: "Ah, consciência covarde, como me afliges!" Mas é tarde demais. Se ele tivesse isolado seus demônios poderia ter tido uma boa noite de sono e estar descansado ao enfrentar o conde de Richmond no campo de batalha. Em vez disso, ele não somente perde a coroa, mas também a vida. Na verdade ele já a tinha perdido. Não deixe que isso aconteça com você!

Confesse com segurança. Enquanto a culpa for guardada, ela sobrevive à custa da sua energia vital. Você precisa colocar um ponto final nisso. Ponha seus sentimentos para fora, mas faça-o de modo seguro e controlado. Isso pode se dar por meio de uma conversa com um amigo íntimo, um professor, seu pai, sua mãe ou um terapeuta. Um passo intermediário pode ser escrever em um diário. Independentemente de como optar por agir, você deve estar determinado a se conectar não somente com os fatos, mas também com seus sentimentos. No ambiente seguro que você escolher, abra o coração. Torne a experiência o mais catártica possível. Se conseguir fazer isso, a nuvem que pairava por dentro começará a se dissipar.

Mas viva essa experiência com cuidado. De novo, Shakespeare sabia disso. Em *Romeu e Julieta*, a protagonista opta por contar sobre seu amor ilícito à sua ama intrometida, que parte para contar a Romeu como uma fofoqueira do século XVI. As consequências foram trágicas. Em *Hamlet*, o rei Cláudio tenta aplacar a consciência por ter matado o pai de Hamlet rezando, mas comete o erro de rezar em voz alta, sendo escutado por Hamlet.

Conserte o Universo! O apagamento da culpa pode ser mais benéfico se você equilibrar sua ação negativa com uma ação inversamente positiva. Dito de modo simples, faça o oposto da má ação anterior. Por exemplo, se você chutou o cachorro do vizinho, faça serviço voluntário no canil municipal. Mas, se não for prático fazer a ação inversa, encontre alguma forma de reparação que satisfaça esse passo sem colocar pesos adicionais na sua consciência nem causar mais problemas a você (ou a outra pessoa). Psicologicamente, esse é um princípio importante.

Lave as mãos... literalmente. O ritual tem um lugar importante na mudança emocional, mesmo que ele seja informal e de sua criação.

Depois de reparar suas ações, limpe a consciência e lave as mãos. Esse é obviamente um passo cerimonial, mas ele tem mérito. Segundo um estudo de pesquisadores em Toronto e Chicago, "A limpeza física alivia as consequências perturbadoras do comportamento antiético e reduz as ameaças à nossa autoimagem moral".

Na literatura o personagem mais famoso – e frustrado – que lava as mãos é lady Macbeth. Enquanto caminha sonâmbula, ela é atormentada pela consciência e tenta lavar das mãos as manchas imaginárias do sangue do rei Duncan. A coitada fracassa e suas falas durante o sono revelam que ela e o marido são assassinos.

Isso não deveria surpreender ninguém: ela deixou de confrontar os próprios erros em uma linguagem honesta, expurgou-se de modo público e verbal, não fez qualquer tentativa de restaurar o Universo e, quando *realmente* lavou as mãos de modo cerimonial, deixou de usar água e sabão.

Mas e se nada disso funcionar?

"Não consigo parar de pensar nisso." Todos conhecemos esse tipo de frustração diante de um dia de trabalho duro, uma namorada que foi embora pouco tempo atrás ou um evento futuro que provoca nervosismo. Qualquer que seja o caso, nos sentiremos melhor quando trouxermos paz aos pensamentos.

Isso é frustrante porque está acontecendo dentro de você, dentro de seu eu físico e emocional. Mas, apesar dessa conexão íntima com sua ansiedade, às vezes você se sente incapaz de impedi-la e impotente para corrigi-la. Em termos biológicos, o motivo para isso pode ser que determinadas regiões do cérebro estão inacessíveis à intervenção consciente. Esse é um conceito interessante, mas não fará com que você se sinta muito melhor.

Algumas das maiores tradições espirituais do mundo encontraram maneiras de abordar isso, assim como as ideias da terapia cognitiva e outras abordagens psicológicas. Por mais que seja difícil alcançar a paz de espírito, o cérebro continua sendo um órgão neuroplástico. Se ele pode mudar para pior, também pode mudar para melhor.

O que você pode fazer para estimular essa mudança positiva?

Separe tempo e lugar. O primeiro passo para acalmar a mente é quase universal na prática da meditação: estabelecer um lugar e uma hora para isso. *Meditação* é uma palavra carregada de significados. Para os não iniciados, ela pode evocar práticas místicas do Oriente. Mas ela também obteve, com grande esforço, credibilidade no Ocidente. A meditação é considerada eficaz tanto em terapias psicológicas quanto fisiológicas. Mas exige que você demonstre algum respeito pelo silêncio da mente – e prove a si mesmo que está levando isso a sério –, separando algum tempo e alguma energia para que o esforço seja sincero.

Estabeleça o alvo com clareza. Começamos este capítulo com uma discussão sobre o estabelecimento de objetivos e vamos chegar ao fim estabelecendo o objetivo de uma mente silenciosa. O alvo não é todo o espectro da atividade mental, e sim apenas aquela frequência envenenada. Relaxe diante de qualquer tentativa de impedir até mesmo os pensamentos e imagens mais vívidos e incendiários relacionados ao que está provocando a inquietação.

Ancore sua concentração. Esse é um passo intermediário que promove a concentração em um objeto escolhido. O princípio é bastante claro: a mente humana só consegue processar um pensamento de cada vez. Se você estiver se concentrando totalmente em um único objeto, não pode pensar simultaneamente em outra coisa. E mais: o princípio funciona tanto com palavras quanto com objetos. Se sua mente estiver concentrada em uma palavra, ou mesmo em uma sílaba sem significado, não pode ao mesmo tempo estar se perturbando e se preocupando. Você consegue enxergar as implicações poderosas disso? Ao ancorar seus pensamentos em alguma visão ou algum som neutros, pode impedir que eles se desviem em uma direção que lhe provoque desconforto.

Uma das melhores técnicas nesse sentido é prestar atenção na respiração. Tecnicamente não poderia ser mais fácil. Apenas sente-se em silêncio e dedique atenção plena a inalar e exalar. Com a prática, você ficará surpreso com a quantidade de distrações que brotam, mesmo se estiver sentado sozinho em uma sala silenciosa. Seus pensamentos começarão a disparar. Mas esse é o objetivo. À medida que você se conscientiza da estática incessante que seu cérebro está transmitindo para ele próprio, pode começar a perceber o grau de agitação psíquica que ela provoca. Mas ela se tornou uma presença tão constante na sua vida que você nem ao menos nota.

Bom, assim que você se conscientizar disso, poderá perceber os benefícios de silenciar a estática. Esse é o objetivo da meditação. Ela permite que você saia de si mesmo e perceba os pensamentos incessantes com o distanciamento de um observador externo.

18

Realização, produtividade e mais além

A MAIORIA DOS LIVROS SOBRE DESENVOLVIMENTO pessoal começa pelo foco em realizações no mundo real. Isso pode assumir muitas formas, desde o estabelecimento de objetivos até a criação de riqueza ou a ascensão na escada corporativa. Mas estamos guardando a realização para o final – não porque não seja importante, mas porque é a culminação de tudo que uma pessoa de classe busca. Nenhuma pessoa com nobreza de propósito quereria recompensas materiais sem as merecer – e merecê-las é algo que alguém assim sabe exatamente como fazer. Pessoas extraordinárias cumprem mais do que prometeram. E o fazem até mesmo antes do prazo acordado. E, se não fazem parecer fácil, pelo menos parecem gostar dos desafios. Resumindo: as pessoas inesquecíveis são verdadeiras realizadoras em termos emocionais, espirituais e quase sempre financeiros. No fim deste capítulo você saberá mais sobre como obter resultados e também terá as ferramentas para alcançá-los.

Algumas pessoas acham que têm o direito de ganhar muito dinheiro. Mas muitas ainda sentem conflito com relação a isso, ainda que muitas vezes de modo inconsciente. Algumas dessas pessoas são bem-sucedidas em termos financeiros. Algumas podem ganhar milhões; outras, bilhões. Mas, quando o único objetivo é ganhar dinheiro, isso geralmente leva à melancolia e ao desapontamento, independentemente das quantias envolvidas. Ser rico não é o mesmo que ter classe e muito menos equivale a ter felicidade.

Para aprender mais sobre essa regra, consulte as biografias de indivíduos extremamente ricos como John D. Rockefeller, William Randolph Hearst ou J. Paul Getty. Apesar de todo o dinheiro, de modo algum eles podem ser descritos como homens felizes. Uma exceção notável foi Andrew Carnegie, que começou a vida como um imigrante pobre vindo da Escócia e acabou comandando a Carnegie Steel Company. Carnegie viveu no final do século XIX, uma época em que a economia americana era dominada por um pequeno grupo de indivíduos extremamente ricos. Mas, enquanto John D. Rockefeller costumava distribuir centavos, Andrew Carnegie usou a maior parte da sua fortuna para construir bibliotecas e outras instituições culturais por todos os Estados Unidos. Para ver as diferenças que isso causou nesses dois homens, basta olhar qualquer foto deles no fim da vida. Como sabemos, uma imagem vale mais que mil palavras.

Há vários anos uma grande escola de administração fez um estudo sobre algumas empresas e corporações bem-sucedidas. Uma das descobertas do estudo dizia respeito ao propósito que levou à criação dessas organizações. No início, a missão de cada empresa ia além de simplesmente gerar lucro. A ideia era criar algum benefício maior que se estendia para além das fronteiras da própria empresa. As companhias com essa definição de sucesso chegavam ao topo e ficavam lá. Não se saíam bem por um tempo e depois desapareciam; permaneciam em um lugar mais alto por mais tempo. A Sony, por exemplo, foi uma dessas empresas, e a Sony tinha várias missões que não eram expressas em termos financeiros. Uma delas era elevar a percepção do Japão como uma sociedade em todo o mundo, porém mais importante ainda era a missão de elevar os próprios japoneses. Esse objetivo certamente foi alcançado e outros tipos de sucesso vieram com ele.

Fundamentalmente, as leis do sucesso são justas. Algumas pessoas podem ter sorte ou azar no início da carreira, mas com o tempo as coisas se equilibram. Uma das leis mais básicas sustenta que produtividade é igual a realização. Quanto mais produtivo você é com o seu tempo, suas habilidades e seus recursos, maior será a sua realização. Portanto é importante saber como ser mais produtivo.

Se você se parece com a maioria das pessoas, pode certamente melhorar sua produtividade tanto no trabalho quanto longe dele. No trabalho você pode aprender a simplificar, consolidar, acelerar e executar de modo mais eficiente suas responsabilidades. Longe do trabalho, pode aprender a relaxar de fato e a se divertir, de modo que, quando for chamado de novo para produzir, poderá fazer isso com eficiência total.

Com esses dois fatos em mente, na primeira parte deste capítulo vamos nos concentrar em técnicas para melhorar sua produtividade na carreira – especialmente no uso do recurso mais importante de todos, que é o *tempo*. Depois concluiremos observando como otimizar sua vida longe do trabalho. Para ser alguém de classe você precisa indubitavelmente ter esses dois elementos funcionando juntos.

Como é o seu dia?

Pense no seu emprego. Qual é a primeira coisa que você faz de manhã? Quantas paradas faz? Você passa um tempo à toa ou praticamente não tem tempo para terminar as tarefas? As duas opções são ruins. A primeira coloca você em um padrão de espera letárgico. A segunda é uma passagem só de ida para o esgotamento emocional e físico, provavelmente mais cedo do que imagina. Assim, no espírito de uma boa saúde profissional e do equilíbrio entre vida e trabalho, vamos explorar algumas ideias de pessoas de classe para o aumento da produtividade.

Primeiro aprenda não somente a organizar, mas também a priorizar. Apesar do que possa parecer no momento, a vida é cheia de urgências aparentes que não têm a menor importância a longo prazo. A tecnologia aumentou enormemente o nosso senso de urgência. Uma carta enviada por Sedex pede atenção mais urgente do que algo mandado por correspondência simples, e um e-mail ou uma mensagem enviada por celular podem gritar mais ainda do que um Sedex. Mas o sistema de entrega não determina a importância do conteúdo. Talvez você esteja quatro minutos atrasado para uma reunião de diretoria, mas a reunião em si pode ser um desperdício do tempo de todo mundo.

A menos que você assuma o controle consciente do processo, tenderá a reagir à urgência aparente mesmo se for algo relativamente sem importância. Pior ainda, você pode perder algo realmente importante caso essa coisa não venha também com um indicativo de urgência.

Para evitar isso, desenvolva um modo de se *interromper* várias vezes por dia. Simplesmente pare o que está fazendo e pergunte: "É assim que eu quero ou preciso passar meu tempo agora?" Se a resposta for sim, volte ao que estava fazendo. Você terá afirmado sua decisão conscientemente.

Aqui vai outra possibilidade. Você está fazendo algo que quer ou precisa fazer, mas não nesse momento. Então deixe isso de lado em favor de algo mais premente. Desse modo você evitará ser apanhado por uma pressão de prazo mais tarde.

E se não quer nem precisa fazer a coisa, nem agora nem nunca, simplesmente pare! Você pode se surpreender, mas, se se ativer à pergunta do "quero/preciso" por alguns dias, vai se pegar fazendo coisas que não valem o esforço e começará a fazer mudanças para atender melhor às suas necessidades.

Em seguida aprenda a reconhecer quando o tempo *não* é o problema. Mesmo se ir àquela reunião não for algo importante nem agradável, pode ser muito mais fácil do que enfrentar os prazos que estão pairando na sua cabeça. E confrontar os prazos pode ser mais fácil do que tentar resolver os problemas nos seus relacionamentos. Frequentemente pegamos o caminho de menor resistência, em especial se pudermos justificar a escolha – como, por exemplo: "Eu precisava ir à reunião. O prazo terá que ser empurrado para a frente."

Independentemente do que fizer, pare de procurar por *mais* tempo. Você nunca arranjará mais tempo. Ele não está perdido e não existe em maior quantidade. Você está vivendo nele. Precisa decidir conscientemente viver nele de determinados modos, e não de outros. Você precisa usar o tempo com sabedoria, tirando-o de uma atividade e dedicando-o a outra.

Como discutimos antes, o uso consciente e criativo de uma lista de coisas a fazer pode ser útil. Se você quiser malhar três vezes por semana, se precisa fazer algum planejamento de carreira e financeiro a longo prazo, se gosta o suficiente de alguém para querer fortalecer seu relacionamento, programe tempo para essas coisas. Caso contrário, pode não as conseguir – ou só irá consegui-las quando sua energia e seu foco estiverem baixos.

Outra sugestão poderosa para determinar suas prioridades é enganosamente simples. Compre um caderninho que você possa carregar no bolso. Você pode comprar uma agenda cara, se quiser, mas um caderninho barato servirá do mesmo modo. Em cinco dias de trabalho use o caderno para determinar suas prioridades. Será necessário alguma dedicação, mas faça o esforço – porque provavelmente essa é a coisa mais importante que você pode fazer para estabelecer prioridades na vida.

Prestar atenção no modo como você passa o dia irá levá-lo automaticamente a fazer mudanças. Um princípio fundamental da física moderna é que a observação muda a realidade. Pode até ser que a observação *crie* a realidade – mas por enquanto digamos apenas que manter esse diário irá fazer com que você altere seu comportamento de maneiras positivas, com certeza. Isso é apenas para manter um diário de tempo convencional, onde você registra a quantidade de tempo que passa em várias tarefas – ou talvez evitando várias tarefas. Mas agora vamos introduzir alguns refinamentos que multiplicarão tremendamente o poder dessa ferramenta.

Além de anotar seus telefonemas e almoços, use o diário para registrar seus comportamentos reativos (*R*) e proativos (*P*) durante uma semana. Um modo simples de fazer isso é escrever um *P* ou um *R* ao lado das anotações. Por exemplo, se um cliente o obrigou a esperar 15 minutos e depois você ficou tão irritado que quase perdeu a venda, coloque um *R* na margem. E, se você viu uma chance de compartilhar algo com outra pessoa e aproveitou essa oportunidade, coloque um *P*.

É simples assim – mas o que você acha que acontecerá? Garanto que com o passar da semana os *P* vão começar a se multiplicar e os *R* vão começar a diminuir. E isso parecerá fácil. O diário do tempo pode ser tremendamente poderoso.

Depois de manter o diário por uma semana, leia-o com atenção. O que ele lhe diz? O que você fica sabendo sobre suas prioridades – não em termos de quais você acha que elas são, mas de como você realmente usa seu tempo? Se você é pai ou mãe, por exemplo, pode sentir que é importante passar um tempo de qualidade com seus filhos. A maioria dos pais sente isso, mas muitos descobrem que agem muito menos a partir desse sentimento do que pretendiam. Você pode querer fazer algum trabalho voluntário para ajudar pessoas menos afortunadas, mas seu diário do tempo mostra que você agiu de acordo com essa intenção? É provável que uma quantidade muito maior do seu tempo tenha sido dedicada a detalhes. Mas não se preocupe, porque você manterá o diário por uma segunda semana. E na segunda semana será muito mais proativo com relação ao uso do tempo.

Espaço e tempo

Einstein mostrou que os conceitos de espaço e tempo são inseparáveis. Assim como você organiza suas prioridades, organize o espaço físico em que você passa o tempo. A desordem pode ter grande impacto negativo sobre sua produtividade. Apesar dos benefícios óbvios de uma área de trabalho limpa, poucas pessoas dedicam tempo a arquivar e organizar – portanto, sugiro que você faça isso. Tire uma hora no fim do dia para encontrar um local para os itens importantes. Coloque-os em um espaço que seja fácil de acessar e lembrar. Se mais de trinta dias se passaram desde que você usou um determinado papel ou uma pasta, tire-o do seu espaço. Pode ser doloroso, mas vale o esforço.

Aprenda a deixar as questões pessoais para o seu tempo livre. Você pode não perceber o efeito cascata que um telefonema pessoal ocasional pode ter sobre o seu dia. O impacto pode ser muito danoso. Portanto esteja vigilante quanto às interrupções pessoais e seu trabalho será feito muito mais depressa.

Utilize o cérebro intensivamente de manhã e trabalhe intensivamente à tarde. A maioria das pessoas está mentalmente mais afiada antes do almoço, por isso tente terminar as tarefas muito desafiadoras o mais cedo possível. Se precisar lidar com números ou redigir um relatório amplo, comece assim que chegar à sua mesa. Programe reuniões e teleconferências para a tarde. É a melhor hora para interagir e trocar ideias.

Torne-se um ótimo delegador. Você pode não ter uma equipe de pessoas para administrar, mas mesmo assim é vital fazer o melhor uso possível da ajuda dos colegas. Dê uma olhada nas suas tarefas e descubra em que seus companheiros de trabalho podem ser úteis.

É fácil demais falar com as pessoas sobre os pontos fracos delas. Os pontos fracos são quase sempre óbvios, pelo menos para os outros – na verdade é por isso que eles são fracos! Nossas fraquezas são as coisas que não podemos esconder, a não ser, às vezes, para nós mesmos. Mas o que acontece se você ficar fixado nas fraquezas quando está lidando com um indivíduo específico? Qual é o efeito de chamar a atenção constantemente para áreas que precisam de melhorias? Mesmo se a crítica for pertinente, o resultado será insegurança e medo. A mudança positiva não acontecerá na base do problema. Na melhor das hipóteses haverá alguma melhoria para evitar mais críticas. Mas isso não é o mesmo que uma mudança verdadeira. Para provocar mudança verdadeira um líder precisa se conectar com as aspirações interiores do indivíduo e localizar os pontos em que elas sejam congruentes com os objetivos de toda a organização.

Colocando de modo mais simples, você precisa descobrir o que as pessoas desejam e em que elas são boas, depois convidá-las a usar essas habilidades para elas próprias e para o grupo como um todo.

A diferença entre certo e errado

Assim, consertar o que está errado é com frequência uma questão de descobrir o que está certo. Não é corrigir a fraqueza, é reforçar os pontos fortes. Faça com que isso seja o seu objetivo com relação aos outros e a si mesmo. Julgar-se quase sempre leva à negatividade: "Sou incompetente, não sou inteligente, sou simplesmente ruim!" Raras vezes pensamos nas coisas em que somos bons ou das quais gostamos. Se você gosta de jogar basquete, não vai se incomodar por não ser tão bom quanto um atleta da liga profissional – porque a experiência é a sua recompensa. Mas suponha que você precisasse deixar de jogar basquete por oito horas por dia para passar a fazer contabilidade, instalações elétricas ou afinação de piano. Imagine que você tivesse que abrir mão de algo que adora para fazer algo que rende dinheiro, e que pode nem ser algo em que você seja particularmente bom. Qual será o resultado? Você irá se condenar às obrigações e até pode enxergar seus talentos verdadeiros como apenas uma recreação ou uma indulgência pessoal.

Mas suponha que você fosse capaz de dedicar todo o seu tempo àquilo que gosta de fazer. Em vez de enxergar essa atividade como mero passatempo, suponha que alguém pudesse lhe mostrar como conectar essa sua paixão à sua carreira – aos objetivos da sua empresa ou organização. Se isso acontecesse, você provavelmente melhoraria sua habilidade real muito mais depressa do que fazendo algo apenas para pagar as contas. E mais, você se sentiria melhor com relação a si mesmo e ao empregador que lhe deu essa oportunidade maravilhosa.

Dar às pessoas esse tipo de oportunidade é uma qualidade essencial do administrador eficiente e de uma pessoa inesquecível. Encontrar um modo de *criar* essa oportunidade é um atributo-chave dos empregados que pretendem genuinamente dar e compartilhar o que há de melhor neles. Quando essas qualidades e esses atributos são postos em ação, o resultado é produtividade e realização para todo mundo.

Falamos bastante sobre como alcançar mais por meio da produtividade no trabalho. Mas o trabalho não é um fim em si. Um dos objetivos do trabalho é poder desfrutar da vida *longe* dele. Se você seguir as sugestões que leu até aqui, sem dúvida terá mais tempo livre. Agora vejamos como você pode fazer com que esse tempo seja mais satisfatório.

Aqui vai um exercício útil que você pode fazer todos os dias para conectar acontecimentos pontuais ao quadro geral da sua vida. A maioria das pessoas costuma enxergar as questões financeiras e profissionais como se elas existissem em um mundo próprio. Se temos uma divergência com um supervisor no trabalho, não fazemos uma conexão entre isso e qualquer outra coisa. Não a conectamos a uma divergência semelhante com um cônjuge ou um amigo íntimo. Se esquecemos de pagar a conta de eletricidade, não relacionamos isso a outra coisa com a qual podemos estar preocupados. E mais: não percebemos como alguns eventos aparentemente sem importância podem servir como alertas de grande relevância.

Este exercício é projetado para remediar esses lapsos e é simples. No fim de cada dia de trabalho faça a você mesmo uma única pergunta: "O que eu aprendi?"

Anote essa pergunta e depois responda-a também por escrito. A melhor hora para fazer isso é quando estiver pronto para terminar o dia de trabalho, porque você vai querer que isso se concentre especificamente no que aprendeu enquanto estava trabalhando – enquanto estava fazendo o que faz para ganhar a vida. As pessoas costumam separar essa área das outras partes da vida – dos relacionamentos mais obviamente emocionais com familiares e amigos, por exemplo. Mas isso também é o alicerce para se tornar alguém de classe. Portanto faça um esforço para ver o seu dia de trabalho como algo mais do que apenas uma questão de dinheiro. O que você aprendeu no trabalho nas últimas oito ou dez horas? Quais foram as mensagens e como você pode relacioná-las ao quadro geral da sua vida?

Sua resposta pode assumir muitas formas. Pode ser uma lição prática ou algo muito mais espiritual. É uma infelicidade quando as pessoas passam pela vida com uma visão pouco clara de seus sonhos e objetivos. Elas ignoram a conexão entre esses objetivos e o que acontece todos os dias. Assim, anotar o que você aprendeu é um bom modo de conectar esses campos e é um passo importante para se tornar uma pessoa inesquecível. Esse exercício irá inexoravelmente levá-lo nessa direção.

Chegando ao fim deste livro, você não somente demonstrou um interesse sincero em aprimorar suas qualidades, mas também provou que, em muitos aspectos, já é uma pessoa de classe. Em nome de toda a organização Dale Carnegie, espero que estes capítulos se mostrem úteis para você, e até mesmo inesquecíveis, que eles o ajudem a se tornar a pessoa próspera e totalmente realizada que você merece ser.

Epílogo

UM TEMA SINGULAR E UNIFICADOR perpassa todo o trabalho de Dale Carnegie: a vida é o que você faz dela. Independentemente do que possa estar no seu passado ou no seu futuro, você controla o modo como reage neste momento. Tudo depende da escolha que você faz a cada dia e a cada instante.

Para ajudá-lo a fazer as melhores escolhas para si mesmo e para todos ao redor, aqui, no encerramento, vão algumas citações de Dale Carnegie.

Se você tem algum problema preocupante, faça três coisas:
Primeiro pergunte: "Qual é a pior coisa que pode acontecer?". Segundo, prepare-se para aceitar esse resultado, se necessário. Terceiro, comece calmamente a melhorar o pior.

Por que algo simples como manter-se ocupado ajuda a afastar a ansiedade? Por conta do que dizem as mais fundamentais leis da psicologia: é absolutamente impossível para qualquer mente humana, independentemente de quão brilhante seja, pensar em mais de uma coisa em um determinado momento.

Frequentemente a fadiga não é causada pelo trabalho, e sim pela preocupação, pela frustração e pelo ressentimento.

Nem o maior esforço do mundo pode consertar o passado. Portanto vamos lembrar: águas passadas não movem moinho.

Não se preocupe com bobagens. Não permita que coisas pequenas arruínem sua felicidade.

Estabeleça um limite para as suas preocupações. Decida quanta ansiedade uma determinada coisa pode merecer e se recuse a dar mais que isso.

Use a lei das médias para afastar as preocupações. Pergunte-se: "Quais são as chances de essa coisa não acontecer?"

Apegue-se aos fatos. Não vamos nem mesmo tentar resolver nossos problemas sem primeiro coletar todos os fatos com imparcialidade.

Uma conhecida máxima jurídica diz: de minimis non curat lex, "a lei não cuida de insignificâncias". E nós também não devemos, se quisermos ter paz de espírito.

Quando aceitamos o pior, não temos mais nada a perder. E isso significa automaticamente que temos tudo a ganhar!

Você se lembra das coisas com as quais se preocupava há um ano? Como elas se resolveram? Você não desperdiçou um monte de energia por causa da maioria delas? A maioria não acabou por fim se solucionando?

Se você lesse tudo que os grandes filósofos do Universo já escreveram a respeito da preocupação, jamais encontraria algo mais profundo do que "Não atravesse suas pontes antes de chegar a elas" e "Não chore sobre o leite derramado".

Se você tem preocupações, não há melhor maneira de eliminá-las do que caminhando. Simplesmente leve-as para passear. Elas podem ganhar asas e sair voando para longe!

Se você não consegue dormir, levante-se e faça alguma coisa em vez de ficar deitado se preocupando. É a preocupação que pega você, e não o sono.

Pense o máximo possível no seu problema antes de alcançar uma solução. Mas, quando a questão estiver resolvida, não se preocupe mais.

Se não podemos ter tudo que queremos, não vamos envenenar nossos dias com preocupações e ressentimentos. Sejamos bons conosco. Sejamos filosóficos. E a filosofia, segundo Epíteto, se resume no seguinte: "A essência da filosofia é que o homem deve viver de modo que sua felicidade dependa do mínimo de coisas exteriores".

Ponha um sorriso GRANDE e verdadeiro no rosto, jogue os ombros para trás, respire fundo e cante um trecho de uma canção. Se não puder cantar, assobie. Se não puder assobiar, cantarole. Você logo vai descobrir que é fisicamente impossível permanecer triste ou deprimido enquanto estiver representando os sinais de uma felicidade radiante!

Quando odiamos nossos inimigos, estamos lhes dando poder sobre nós: poder sobre o nosso sono, nosso apetite, nossa pressão arterial, nossa saúde e nossa felicidade. Nossos inimigos dançariam de alegria se soubessem como estão nos preocupando, maltratando-nos e se vingando de nós! Nosso ódio não os está ferindo, mas está transformando nossos dias e noites em um tumulto infernal.

Se você e eu não nos mantivermos ocupados – se ficarmos sentados e remoendo –, vamos gerar todo um rebanho do que Charles Darwin chamava de wibber-gibbers. *E os* wibber-gibbers *são apenas gremlins fora de moda que vão nos deixar vazios e destruir nossa capacidade de ação e nossa força de vontade.*

Cerca de 90% das coisas na nossa vida estão certas e cerca de 10% estão erradas. Se quisermos ser felizes, só precisamos nos concentrar nas 90% que estão certas e ignorar as 10% erradas. Se quisermos ficar preocupados, amargos e ter úlceras estomacais, só precisamos nos concentrar nas 10% erradas e ignorar as 90% que são gloriosas.

Sobre o autor

DALE CARNEGIE nasceu no Missouri em 1888. Escreveu seu famoso livro *Como fazer amigos e influenciar pessoas* em 1936 – um marco que cimentou a rápida disseminação de seus valores centrais por todos os Estados Unidos. Na década de 1950, as bases da Dale Carnegie Training tal como existe hoje começaram a tomar forma. O autor faleceu pouco depois de 1955, deixando seu legado e seu conjunto de princípios fundamentais a serem disseminados nas décadas seguintes.

Hoje a Dale Carnegie Training faz parceria com corporações de médio e grande porte, além de organizações, para produzir resultados mensuráveis nos negócios melhorando o desempenho dos empregados com estratégias que enfatizam temas como liderança, vendas, participação dos membros das equipes, serviço ao cliente, apresentações, melhoria de processos e outras habilidades administrativas essenciais. Recentemente identificada pelo *Wall Street Journal* como uma das 25 maiores franquias de alto desempenho, a Dale Carnegie Training disponibiliza seus programas em mais de 25 idiomas em mais de oitenta países. A Dale Carnegie Training tem entre seus clientes quatrocentas das empresas listadas na Fortune 500. Aproximadamente 7 milhões de pessoas passaram pela Dale Carnegie Training. Para mais informações, visite: www.dalecarnegie.com.

CONHEÇA OUTROS LIVROS DO AUTOR

COMO FAZER AMIGOS E INFLUENCIAR PESSOAS

Ao longo de oito décadas, este livro se tornou a referência quando o assunto é o desenvolvimento das relações humanas, das habilidades sociais e da comunicação eficiente.

Partindo do princípio de que é preciso se interessar genuinamente por aqueles com quem interagimos, ele mudou a vida de milhões de pessoas, fazendo-as se sentirem mais seguras, abertas e confiantes em seus encontros sociais e profissionais.

Com saborosas histórias, exemplos práticos e ótimos conselhos, esta é uma leitura prazerosa e fundamental para quem deseja criar bons vínculos, se tornar mais persuasivo, deixar uma marca positiva e inspirar os outros com energia e gentileza.

COMO EVITAR PREOCUPAÇÕES E COMEÇAR A VIVER

Um dos escritores mais influentes de todos os tempos, Dale Carnegie mostra neste livro como superar a angústia gerada pela preocupação constante – seja em relação à saúde, ao trabalho, aos relacionamentos ou ao próprio futuro.

Reunindo interessantes histórias, conselhos práticos e princípios valiosos que podem ser implementados de imediato, ele nos ensina a adotar uma atitude mental voltada para a ação, a eliminar a ansiedade e a lidar com os problemas de forma objetiva e serena.

COMO FAZER AMIGOS E INFLUENCIAR PESSOAS NA ERA DIGITAL

Este livro traz uma abordagem moderna para o clássico de Dale Carnegie, adaptando a mensagem original aos desafios de hoje.

Você aprenderá a se comunicar com delicadeza e tato, a criar uma rede de contatos sólida, a projetar uma imagem positiva e a dominar as ferramentas digitais. Veja algumas maneiras de colocar isso em prática:

- Mude a forma de usar as redes sociais. Evite apontar o dedo e fazer críticas e passe a incentivar e elogiar. O modo como você fala faz toda a diferença.
- Pense duas vezes antes de dizer algo de que poderá se arrepender. Se você desenvolver o autocontrole, evitará perder horas tendo que se retratar.
- Torne suas mensagens relevantes, retirando o que só favorece você mesmo, e evite falar mal das pessoas como estratégia para se diferenciar.
- Acalme-se antes de se comunicar. Quando algo ruim acontece e deixa você desanimado ou irritado, os cinco primeiros minutos são os mais perigosos.
- Tenha a diplomacia como critério padrão. Admita que pode estar errado e que o outro pode estar certo. Seja agradável. Faça perguntas. E, acima de tudo, considere a situação do ponto de vista do outro e demonstre respeito.

COMO FALAR EM PÚBLICO E ENCANTAR AS PESSOAS

Os ensinamentos de Dale Carnegie ganharam fama mundial e continuam a inspirar milhões de leitores não por apresentarem truques engenhosos, mas por valorizarem uma verdadeira conexão entre as pessoas.

Neste livro, ele parte desses mesmos princípios para ajudar você a preparar e organizar uma apresentação, seja ela de apenas cinco minutos diante de um grupo pequeno ou de meia hora para um auditório lotado.

Você vai descobrir o que é fundamental para entreter seus ouvintes e também para informá-los, persuadi-los e inspirá-los a agir motivados pela sua mensagem.

E talvez o mais importante de tudo: este livro vai lhe mostrar como perder o medo das apresentações orais de uma vez por todas.

CONHEÇA OS LIVROS DE DALE CARNEGIE

Como fazer amigos e influenciar pessoas
Como evitar preocupações e começar a viver
Como fazer amigos e influenciar pessoas na era digital
Como falar em público e encantar as pessoas
Como se tornar inesquecível
Como desfrutar sua vida e seu trabalho
As 5 habilidades essenciais dos relacionamentos
Liderança

Para saber mais sobre os títulos e autores da Editora Sextante,
visite o nosso site e siga as nossas redes sociais.
Além de informações sobre os próximos lançamentos,
você terá acesso a conteúdos exclusivos
e poderá participar de promoções e sorteios.

sextante.com.br